Günter Schagerl

Diabetes fit

Mit Bewegung besser leben

KRENN

ASKÖ FIT

fit für Österreich

Philosophie und Ziele von „Fit für Österreich“

Das Projekt „Fit für Österreich“ ist eine Initiative des Bundeskanzleramtes in Zusammenarbeit mit der Österreichischen Bundes-Sportorganisation (BSO) unter dem Motto „für ein lebenslanges Sporttreiben – der Sport als Dienstleister im Gesundheitssystem“.

Das Qualitätssiegel „Fit für Österreich“, das für qualitativ hochwertige, gesundheitsorientierte Sportangebote an Vereine vergeben wird, soll für die KonsumentInnen eine wertvolle Orientierungshilfe sein, das für sie passende Sportangebot zu finden. Zur Sicherung dieser Qualität wird die Österreichische Bundes-Sportorganisation (BSO) Aus- und Fortbildungsprogramme für jene Menschen, die sich im Sport engagieren, noch weiter ausbauen.

Ein Weg, ein Ziel:

„Mehr Menschen zum Sport“.

Mit Hilfe aller beteiligten Partner, allen voran den Sport-Dachverbänden ASKÖ, ASVÖ und SPORTUNION sowie deren Vereine, kommen wir diesem Ziel entscheidend näher.

Der verstärkte Einsatz von Vorsorgemaßnahmen im österreichischen Gesundheitssystem, wie z. B. Gesundheitsprogramme mit Bewegungsschwerpunkten, birgt laut jüngsten Studien ein enormes Einsparungspotenzial von 3,6 Milliarden Euro!

In erster Linie geht es aber vor allem um einen Umdenkprozess und eine gewisse Bewusstseinsbildung. Es gilt, jene 60% der österreichischen Bevölkerung zu motivieren, die sich wenig bis gar nicht bewegen, und sie zu einer Änderung ihres Lebensstils mit Übernahme von Verantwortung für den eigenen Körper zu gewinnen.

Ziel ist eine Verbesserung der Volksgesundheit im Allgemeinen, damit aber vor allem der Gesundheit des Einzelnen. In Zeiten zunehmender Bewegungsarmut und der Umkehrung der Alterspyramide sollen daher schwerpunktmäßig mehr gesundheitsorientierte Bewegungsangebote geschaffen werden, die mit dem Qualitätssiegel „Fit für Österreich“ ausgezeichnet werden.

Im Rahmen der Initiative „Fit für Österreich“ werden einerseits verstärkt Aus- und Fortbildungen der Übungsleiter zur Qualitätssicherung durchgeführt und andererseits ganz konkrete Projekte gefördert (beispielsweise in Zusammenarbeit mit den Gebietskrankenkassen), die den hohen Qualitätskriterien von „Fit für Österreich“ entsprechen.

Mit „Fit für Österreich“ werden somit der Gesundheitsaspekt des Sports in Österreich verstärkt und aufgewertet und entsprechende Angebote präsentiert.

Vorwort

Eine immer größer werdende Zahl von wissenschaftlichen Studien verstärkt die Bedeutung von Bewegung in der Prävention und Therapie von Typ-2 Diabetes und seinen Vorstufen. Tägliche Bewegung – von einfachen Alltagstätigkeiten bis hin zur regelmäßigen sportlichen Betätigung – hat das Potenzial, zu einem der wesentlichsten Faktoren im Kampf gegen Diabetes zu werden.

Der österreichische organisierte Sport bietet mit seinem weit verzweigten Vereinssystem über die Initiative „Fit für Österreich" die Möglichkeit, Bewegung und Sport als effizienten, kostengünstigen und sozialintegrativen Bestandteil einer österreichweiten Diabetesbekämpfung zu etablieren. Entsprechende Pilotprojekte zur Diabetesprävention, wie sie etwa in Zusammenarbeit mit der Wiener Gebietskrankenkasse geplant sind, loten die Möglichkeiten einer flächendeckenden Umsetzung aus.

Das vorliegende Buch zeigt auf sehr ansprechende und leicht verständliche Weise, wie Bewegung und Sport in den Alltag von Diabeteskranken mit dem größtmöglichen Nutzen eingebaut werden können. Es soll den InstruktorInnen für entsprechende Bewegungsangebote ebenso als Unterstützung dienen wie Betroffenen wertvolle Anregungen für ein „bewegtes", und damit gesünderes Leben mit Diabetes geben. Im Programm von „Fit für Österreich" ist dieses Buch ein weiterer Baustein zur Stärkung des Bewusstseins, dass Bewegung und Sport viel zum Wohlbefinden beitragen können.

Die Bundes-Sportorganisation und das Bundeskanzleramt Sport haben mit der Kooperation „Fit für Österreich" mit Hilfe aller beteiligten Partner – allen voran den Sport-Dachverbänden ASKÖ, ASVÖ und SPORTUNION und deren Vereine – die Basis für eine fruchtbare Zusammenarbeit zwischen dem Sport und dem Gesundheitsbereich gelegt und den Sport als Dienstleister im Gesundheitssystem positioniert. Volkswirtschaftlich eröffnet sich damit ein enormes Kosteneinsparungspotenzial, viel mehr noch aber kann diese Zusammenarbeit in den nächsten Jahrzehnten entscheidend zur Steigerung der Lebensqualität der Menschen in Österreich beitragen.

Mag. Karl Schweitzer
Staatssekretär für Sport

Dr. Franz Löschnak
Präsident der Österreichischen Bundes-Sportorganisation

Alle in diesem Buch verwendeten personenbezogenen Bezeichnungen betreffen immer beide Geschlechter.

Titel: Günter Schagerl
Diabetes-Fit. Mit Bewegung besser leben

Hergestellt im Auftrag von „Fit für Österreich",
einer Initiative des Bundeskanzleramts und der Österreichischen
Bundes-Sportorganisation, 1040 Wien
www.fitfueroesterreich.at

Lektorat: Sascha Schipflinger

Fotos: PhotoDisc, ASKÖ, Günter Schagerl

Umschlagkonzeption: Die Besorger, mediendesign und -technik GesmbH, 4400 Steyr

Grafik-Design und Satz: Peter Furian und Georg Michael Thellmann – www.furian.at

Druck und Bindung: Druckerei Theiss GmbH, A-9431 St. Stefan

ISBN 3-902532-25-4

Inhalt

Vorwort

Die Bedeutung wirksamer Bewegung in der Prävention und Therapie von Typ-2-Diabetes und seinen Vorstufen wird allgemein immer noch unterschätzt. In letzter Zeit ist allerdings in Fachkreisen ein deutlicher Umdenkprozess zu bemerken. Die Kernfrage lautet nun, wie den Zielgruppen mehr Bewegung vermittelt und verantwortungsvoll auf breiter Ebene in die Praxis umgesetzt werden kann. Immerhin sind drei bis neun Prozent der Bevölkerung in den europäischen Staaten direkt von Diabetes mellitus betroffen, Tendenz steigend. Schätzungsweise mindestens noch einmal so viele wissen von ihrer Erkrankung oder einem Vorstadium nichts.

Die möglichen Folgen der Zuckerkrankheit sind bekannt: schwerwiegende Herz-Kreislauf-Erkrankungen wie Herzinfarkt und Schlaganfall, Amputationen, Augen-, Nieren- und Nervenschäden. 75 % der Typ-2-Diabetiker sterben an Komplikationen der koronaren Herzkrankheit.[18]

Bewegen und befähigen

Dieses Buch möchte daher auf alle Fälle bewegen und befähigen. Es ist vorrangig für Betroffene und interessierte Praktiker geschrieben, die sich und andere bewegen wollen oder müssen. Geistig und körperlich. Es lädt ein „mitzukommen", gemeinsam „gesund aktiv" zu werden, um „aktiv gesund" zu bleiben.

Angesprochen sind in erster Linie Personen mit bauchbetontem Übergewicht, Typ-2-Diabetiker und deren Familienangehörige, weiters Ärzte, Selbsthilfegruppen, Diätologen, Diabetes-Berater und nicht zuletzt Bewegungstrainer. Auch Typ-1-Diabetiker werden ihren Nutzen aus den grundsätzlichen Überlegungen ziehen. Entscheidungsträger in den Krankenkassen bis hin zur Politik sollen angeregt werden, Bewegung zur Vorbeugung ernster Folgeschäden mehr und konsequenter als bisher zu nutzen.

Kinder mit Diabetes

Es ist höchste Zeit, wie uns bereits Kinder als „Alters-Diabetiker" zeigen, dass eine wirksame, finanzierbare gesamtgesellschaftliche Strategie gegen Überernährung und Bewegungsmangel auf die Beine gestellt wird.

Dieses Buch sollten daher auch jene lesen, die für die Bewegung von Kindern (mit)-verantwortlich sind – Eltern, Kindergartenpersonal, Schuldirektoren, Lehrer, Schulärzte, Elternvereinsvorsitzende, Übungsleiter in Sportvereinen, aber auch Bürgermeister, Kommunalpolitiker für Gesundheit, Soziales und Sport, Wohnraum- und Städteplaner. Sie alle können und müssen

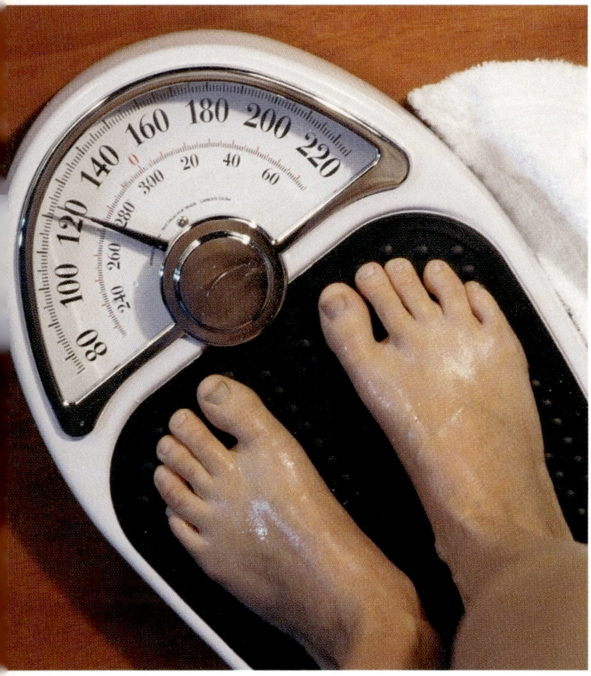

mithelfen, die bio-psycho-sozialen Risikofaktoren für die Entstehung von Übergewicht abzu- und Schutzfaktoren aufzubauen.

Die Schätzung der Weltgesundheitsorganisation, dass sich bis zum Jahr 2030 weltweit die Zahl der Diabetiker auf 360 Millionen steigen wird, zeigt den Handlungsbedarf.

Überzeugende Chance

Wie wir alle wissen, kostet der tägliche erste Fitnessschritt die 100%ige Überzeugung, dass Bewegung durch nichts zu ersetzen ist. Bewegung als Gesundheitschance zu begründen ist daher Schwerpunkt des ersten Teils des Buches. Mein Diabetes-Fit-Rezept im zweiten Teil gibt danach eine erprobte Handlungsanleitung mit zahlreichen Tipps aus der Praxis. Sind die Bewegungsschritte richtig, wird jeder mehr gewinnen, als er investiert hat. Das Schöne dabei: Es ist fast nie zu spät, den ersten Schritt zu tun.

Nach 20 Jahren praktischer Tätigkeit als Sportwissenschaftler und Leiter der Abteilung für Fitness und Gesundheitsförderung im größten österreichischen Sportdachverband, der ASKÖ, war es an der Zeit, meine Erfahrungen niederzuschreiben. Aktuelle wissenschaftlich abgesicherte Theorie mit persönlichen Meinungen so verständlich aufzubereiten, dass die verschiedenen Lesergruppen praktische Anregungen, Rezepte und Fakten erhalten, war mein Ziel.

Dank

Ich danke an erster Stelle dem Verleger Hubert Krenn, mich zum Schreiben dieses Buches ermuntert und mir das nötige Vertrauen geschenkt zu haben. Meinen vielen persönlichen Lehrern, Mentoren und Förderern sowie Seminar-, Aktions- und Kursteilnehmern danke ich, dass sie mich im Dialog herausgefordert, mich unterstützt und mir sehr persönliche Einblicke gewährt haben. Erich Karlseder, Christine Krumböck, Aurelia Lammer, Brigitte Lederer, Brigitta und Walter Sch. – sie haben mich bei der Bildgestaltung und den Fallgeschichten großartig unterstützt. Herzlichen Dank!

Besonderer Dank gilt auch meiner Frau Barbara. Sie ist als Sportwissenschaftlerin in der Rehabilitation tätig und hat mich bei meinem Vorhaben mit viel Geduld unterstützt. Zuletzt habe ich meinem Arbeitgeber und den Sponsoren Wr. Städtische Versicherung und Tunturi zu danken. Sie haben es schließlich auch ermöglicht, Erfahrungen zu sammeln, über die ich in diesem Buch berichten werde.

Günter Schagerl
schagerl@askoe.or.at

Gesund aktiv – im Gleichgewicht

Gesund aktiv – im Gleichgewicht

Aktiv gesund

Veranlagung und Lebensverhältnisse bestimmen hochgradig unsere Chancen zur Gesundheit. Wir selbst können aber im Rahmen unserer Möglichkeiten täglich aktiv „gesunde" Entscheidungen treffen. Wer sich passiv treiben lässt, kommt vielleicht dort an, wo er nicht hinwill. Wer aktiv gesund werden oder bleiben will, muss gesund aktiv werden.

Erfolgreiches Gesundheits- oder Krankheitsmanagement bei Diabetes mellitus setzt voraus, dass wir entscheidende Zusammenhänge und Handlungsstrategien kennen. Daher ist spezifisches Wissen, wie es auch dieses Buch vermitteln will, so wichtig. Es soll den Diabetiker und gefährdete Personen befähigen, selbstbewusst und selbstbestimmt seine Gesundheit, Fitness, Lebensqualität mit Bewegung zu fördern. Dass Wissen alleine noch lange nicht die für richtig erkannten Handlungen nach sich zieht, ist bekannt. Nur die Chancen dazu sind da. Je handlungsorientierter dieses Wissen ist, desto höher ist die Wahrscheinlichkeit, dass Theorie zur Praxis wird.

Gesundheit managen

Unsere Gesundheit kann – wie der Zuckerstoffwechsel auch – als ein labiles Fließgleichgewicht betrachtet werden. Um diese Balance sollten wir uns täglich bemühen, um sie nicht zu verlieren. Gesundheit braucht Zeit und Engagement. Leider beginnen wir oft unsere Vitalität erst dann zu schätzen, wenn wir sie verloren haben oder Krankheiten langsam sicht- und spürbar werden. Dies trifft besonders auf den Typ-2-Diabetiker zu. Erhöhten Zucker spürt man nicht. Wer seinen Fuß durch Amputation verloren hat, weiß, wovon hier die Rede ist.

Beim Diabetiker deuten z. B. Heißhunger, Zittern, übermäßiger Durst, oftmaliges Harnlassen an, dass etwas nicht in Ordnung ist. Die unangenehmen Anzeichen drängen uns, aktiv zu werden und Untersuchungen zu veranlassen. Die Medizin kommt dann ins Spiel und wird gebeten, uns zu reparieren.

Starkes Übergewicht hingegen nehmen wir deshalb zunächst nicht ernst, weil es nicht schmerzt und die langfristigen Folgen entweder nicht bekannt sind oder verdrängt werden.

Regelkreis

Alle Teilsysteme des Menschen sind einem ständigen Auf- und Abbau unterworfen – abhängig von den gestellten Anforderungen. Geordnete, aufeinander abgestimmte Abläufe und die Fähigkeit, sich zielgerichtet anzupassen, zeichnen einen gesunden Organismus aus. Daher sind die Aussagen „Leben ist bewegen“ und „Alles fließt“ in mehrfacher Hinsicht richtig und von fundamentaler Bedeutung.

Der Kreislauf, den wir dabei ständig – unbewusst oder bewusst – durchlaufen, lässt sich vereinfacht so darstellen:

1 IST-Situation:
Wie ist die Ausgangslage?

2 SOLL-Situation:
Welche Ziele haben wir?

3 IST-SOLL-Vergleich:
Überprüfung: Haben wir unsere Ziele erreicht oder nicht? Warum? Welche persönlichen Schlüsse ziehen wir daraus, welche Erfahrungen machen wir?

4 MASSNAHMEN:
Welche neuen Ziele müssen wir festlegen oder mit welchen Maßnahmen sind unsere Ziele zu erreichen?

Diesen Ablauf können wir auch auf unser eigenes Gesundheitsmanagement bei Diabetes mellitus anwenden. Unser gesamtes System benötigt Bewegung (= SOLL) als aufbauenden Reiz, besonders die Muskulatur als unser wichtigster Zuckerverbraucher. Fortlaufend, ein Leben lang. Wird infolge der Technisierung Bewegungsmangel erzeugt (= IST) und dem Körper Bewegung entzogen, so nimmt die Muskelmasse im Durchschnitt pro Jahr um ein Prozent ab. In zehn Jahren sind dies zehn Prozent. Damit sinkt mit zunehmendem Alter langsam der Energie-Grundumsatz, wenn nicht aktiv Muskelaufbau betrieben wird.

Es schleichen sich Störungen in die geregelten Abläufe ein, zum Beispiel Übergewicht. Eine Störung zieht weitere nach sich. Das Gesamtsystem Mensch wird langsam (aber sicher) krank. Das Teuflische daran: Wir spüren meist nicht sofort im IST-SOLL-Vergleich die Abweichung, sondern leider erst später ... Die Muskeln werden schlaff, die Regulation des Blutzuckers kommt langsam durcheinander, die Herz-Kreislauf-Leistung sinkt, die Gesamtfitness nimmt stetig ab, die Bewegungsfreude geht verloren, der Bewegungsmangel nimmt zu. Eine Negativspirale beginnt sich zu drehen! Und manchmal glauben wir sogar, dies müsse aufgrund des fortschreitenden Alters so sein.

Der Regelkreis

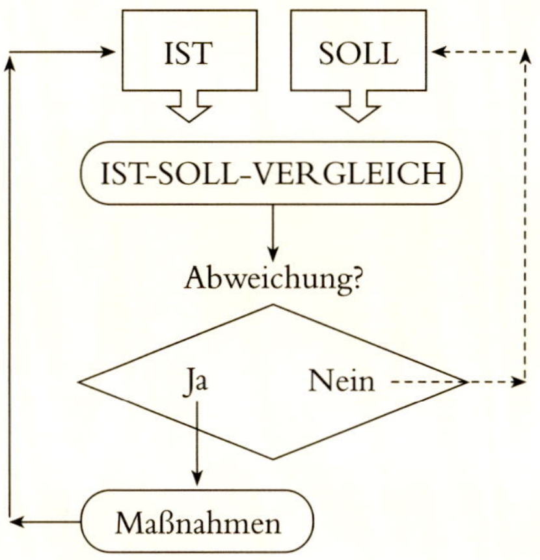

Im Gleichgewicht

Gesund bleiben wir dann, wenn wir es schaffen, nachhaltig die verschiedenen Funktionssysteme im Gleichgewicht zu halten, unabhängig von den äußeren Belastungen und Bedingungen, denen wir ausgesetzt sind oder wir uns freiwillig aussetzen. Daher halte ich viel von der Formel:

„Bleib im *Gleich*gewicht.“

*Über*gewicht entsteht dann, wenn die Kalorienaufnahme (IST) höher ist als der Verbrauch (SOLL).

Regelkreisabläufe sind ein universelles Prinzip, das unser Leben in der Balance hält und sich sowohl auf körperliche als auch auf psychische/seelische und soziale Vorgänge anwenden lässt.

Bio-psycho-soziales Gleichgewicht erzeugt jenes nachhaltige Wohlbefinden, nach dem das Gesamtsystem Mensch mehr oder weniger bewusst strebt.

Normalerweise wird auch der Blutzucker in Abhängigkeit von Umfang und Intensität der Muskelaktivität und der Nahrungsaufnahme durch Insulin relativ im Gleichgewicht gehalten.

Wenn der Blutzuckerspiegel höher ist, als er sein soll, reagiert der Körper mit verstärkter Insulin-Ausschüttung. Ist das System gesund, schleust das Insulin den Zucker in die Zellen, um Energie für die Zellaktivitäten bereitzustellen, und der Blutzuckerspiegel sinkt in den Soll-Bereich.

Gestörter Regelkreis

Beim Diabetiker ist aber dieses Regelkreissystem gestört, was weitere ernsthafte Konsequenzen wie z. B. die Veränderungen am Herz-Kreislauf-System nach sich zieht.

Das Ziel ist, durch bewusste Nahrungsaufnahme und körperliche Aktivität die normalerweise automatisch ablaufenden Regulationsvorgänge so zu beeinflussen, dass der Blutzuckerspiegel weitgehend in der Norm bleibt.

Überblättern Sie diese Seite …

Überblättern Sie diese Seite, wenn Sie nicht sehen wollen oder können, was ein „diabetischer Fuß" ist.

Sich mit den möglichen Spätfolgen von Diabetes mellitus dennoch ehrlich auseinander zu setzen, bleibt keinem Zuckerkranken erspart. Diese Auseinandersetzung ist ein wichtiger, wenngleich auch schmerzhafter Baustein für die nachhaltige Motivation im Gesundheitsmanagement bei Diabetes.

„Ich hab ja nur ein bisschen Zucker", sagten viele, die jetzt kein Bein mehr haben und jahrelang ihren bereits bekannten Diabetes mellitus so lange verdrängt haben, bis es nicht mehr ging. Obwohl menschlich verständlich, ist diese Vogel-Strauß-Politik lebensgefährlich.

Seien wir zu uns ehrlich: Diabetes mellitus ist ein ernsthaftes Problem, das wir verstehen und damit umgehen lernen müssen.

Wichtige Hilfestellungen können dabei der Arzt, Diabetesberater, Selbsthilfegruppen, einfühlsame Freunde und geschulte Bewegungstrainer bieten. Es wird dadurch vielleicht möglich, Ängste ab- und Motivation aufzubauen, sich regelmäßig wirksam zu bewegen und seine persönliche Balance zu finden.

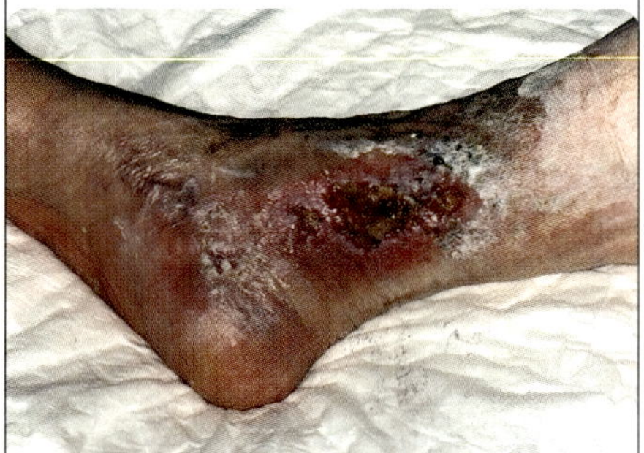

Das Problem: Zuckerkrank

Diabetes mellitus hat eine Vorgeschichte und Folgen

Die „Zuckerkrankheit" oder Diabetes mellitus ist eine heimtückische Krankheit. Sie trifft in der Mehrzahl Personen über 60 Jahre und erreicht in dieser Altersgruppe einen Bevölkerungsanteil bis zu zehn Prozent, wobei bereits ein deutlicher Anstieg ab dem 45. Lebensjahr zu verzeichnen ist. Frauen sind häufiger betroffen als Männer. Wer in Österreich wegen Diabetes mellitus in ein Spital muss, verbringt dort durchschnittlich 20 Tage.[21]

Häufig stehen schwerwiegende Folgen am Ende einer meist langjährigen Entwicklung:

- Koronare Herzkrankheit (KHK), Herzinfarkt
- Schlaganfall
- periphere Verschlusskrankheit (paVK), Beinamputation
- Nierenversagen
- Autonome und periphere Nervenschäden
- Erblindung.

Unter Diabetikern ist die jährliche Sterblichkeitsrate doppelt so hoch wie in der restlichen Bevölkerung, die Lebenserwartung ist um fünf bis zehn Jahre verkürzt.[21]

Welche gesundheitspolitische Bedeutung Diabetes mellitus hat, ist im Kapitel „Gesundheitspolitik braucht Bewegung" nachzulesen. Was Diabetes für den Menschen bedeuten kann, beschreibt ein Betroffener so:

Toni N. (Bild oben): „Ich bin 70 Jahre und habe mein rechtes Bein vor vier Jahren verloren, weil ich meine Zuckerkrankheit nicht ernst genommen habe und viel zu wenig Bescheid wusste. Natürlich war ich damals auch viel zu schwer und habe das Übergewicht ignoriert, bis es plötzlich einfach zu spät war. Mein rechter Unterschenkel musste amputiert werden.

Ich kann daher nur jedem raten: Wer Diabetiker ist, kann damit gut leben, aber er muss die Krankheit ernst nehmen und nicht bagatellisieren. Vorbeugen wäre am gescheitesten – am besten schon als Kind!"

Typ-1-Diabetes

betrifft cirka zehn Prozent aller Diabetiker und entsteht durch einen absoluten Insulinmangel. Durch irgendeinen Grund, z. B. eine Autoimmunerkrankung oder ein Virus, werden die insulinproduzierenden Zellen der Bauchspeicheldrüse zerstört, sodass kein Insulin gebildet wird. Die Folge: Der Blutzucker wird nicht aus dem Blut in die Zellen geschleust. Ein zu hoher Blutzuckerspiegel entsteht. Insulin muss daher ein Leben lang zugeführt werden.

Der Typ-2-Diabetes

betrifft ca. 90 Prozent aller Diabetiker. Davon ist ein kleiner Teil normalgewichtig. Beim weitaus größeren Teil entwickelt sich die Erkrankung grob vereinfacht durch eine schleichende „Systemüberlastung" der Zelle. Durch zu wenig Bewegung und falsche Ernährung entsteht bei entsprechender Veranlagung bauchbetontes Übergewicht, das ca. 80 Prozent aller Typ-2-Diabetiker aufweisen. Dieses Übergewicht bewirkt – wie auch Bewegungsmangel alleine – eine Abschwächung der Insulinwirkung, die so genannte Insulinresistenz. Dabei kommt es zu einer „Signalstörung" des Insulins an den Zellen, sodass u. a. der Transport des Blutzuckers in die Muskelzellen vermindert wird. Die Bauchspeicheldrüse versucht nun durch eine Mehrproduktion an Insulin diesen verminderten Zuckertransport in die Muskelzellen auszugleichen. Es entsteht so ein erhöhter Insulinspiegel im Blut. Nach Mahlzeiten ist jetzt ein erhöhter Blutzuckerspiegel schon feststellbar – die Glukosetoleranz ist gestört. Dieser Prozess schaukelt sich nun hoch, sodass der Insulinspiegel und der Blutzucker dauernd erhöht sind. Mit der Zeit kommt es zur Erschöpfung der Bauchspeicheldrüse, es entsteht ein relativer Insulinmangel – also Typ-2-Diabetes. Der Blutzucker liegt nun auch nüchtern deutlich über den Grenzwerten.

Typ-2-Diabetes und Insulin

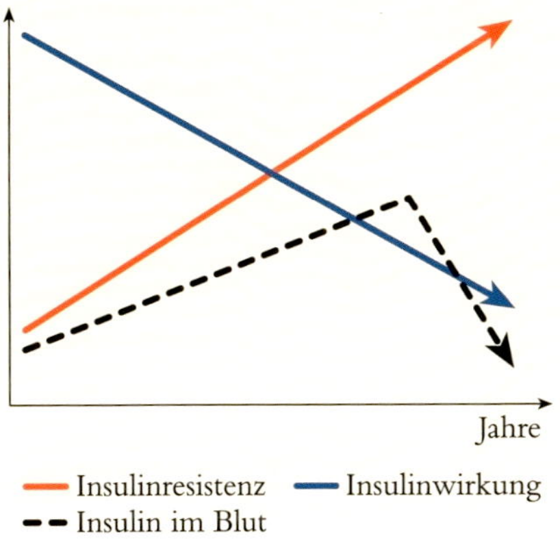

Insulinresistenz und Adipositas[11]

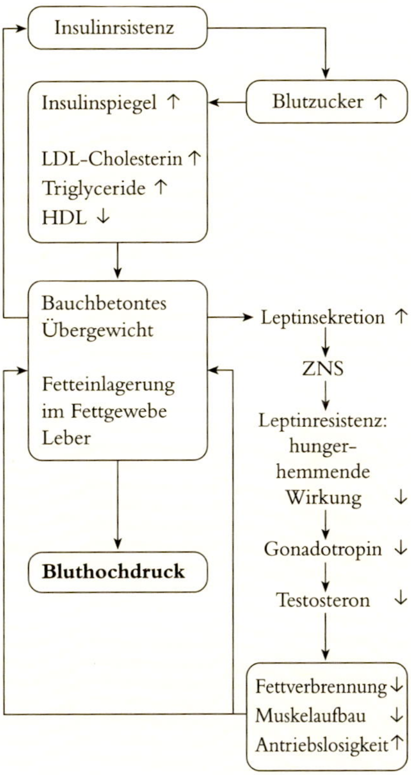

Insulinresistenz

Die Insulinresistenz beeinträchtigt Muskel-, Leber- und Fettzellen und ist mit einem schleichenden Prozess auf mehreren Ebenen verbunden. Das dabei entstehende typische Risikoprofil wird als „tödliches Quartett" oder metabolisches Syndrom bezeichnet.[4]

Metabolisches Syndrom[4, 23]

Das metabolische Syndrom wird dann diagnostiziert, wenn mindestens drei der fünf folgenden Kriterien vorliegen:

- die bauchbetonte Adipositas mit einem Body-Mass-Index >30 kg/m²

  Taillenumfang >102 cm für Männer
  Taillenumfang > 88 cm für Frauen

- Nüchternglukose im Plasma >110 mg/dl
- erhöhte Trigylceride >150 mg/dl und
- niedriges HDL-Cholesterin <40 mg/dl für Männer, < 50 mg/dl für Frauen
- Bluthochdruck >130/85 mm Hg

gehen mit einem schleichenden „Verkalkungsprozess" der Blutgefäße einher.

Typische Wohlstandserkrankung

Die Verbreitung des metabolischen Syndroms in der Bevölkerung hat als typische Wohlstandserscheinung in den letzten dreißig Jahren stark zugenommen. Für die USA werden ein davon betroffener Bevölkerungsanteil von über 20 Prozent geschätzt, in Deutschland liegt er bei 15 bis 20 Prozent. In Österreich wurde im großstädtischen Bereich ein Anteil von 13 Prozent für Frauen und 20 Prozent für Männer ermittelt.[21]

Es wird angenommen, dass für das metabolische Syndrom ca. 50 Prozent die Veranlagung verantwortlich ist. Die restlichen 50 Prozent sind Umwelteinflüsse wie Fehlernährung, körperlicher Inaktivität, hoher Alkoholkonsum, Rauchen und Stress.[4]

Da die Insulinresistenz und Faktoren des metabolischen Syndroms oft viele Jahre unentdeckt bleiben, sind zum Zeitpunkt der Diagnose Typ-2-Diabetes bei 20 bis 40 Prozent der Patienten bereits Folgeschäden an peripheren Blutgefäßen, Nerven und Nieren vorhanden. 50 Prozent weisen bereits eine koronare Herzkrankheit auf.

Wie unterschätzt und gefährlich das „Risikofaktorengemisch" des metabolischen Syndroms ist, demonstriert das Ergebnis einer finnischen Studie an 30.000 Personen: Sieben Jahre nach Studienbeginn war jeder fünfte Studienteilnehmer verstorben.[38]

Bewegung hilft!

Andererseits konnte auch gezeigt werden, dass mit Bewegung und Gewichtsreduktion eine deutliche Abschwächung der Insulinresistenz einhergeht. Bereits eine Gewichtsreduktion von 3,5 kg sowie ca. 30 Minuten tägliche Bewegung konnte nicht nur die Insulinresistenz abschwächen, sondern in einem vierjährigen Beobachtungszeitraum auch den Ausbruch eines Typ-2-Diabetes sogar verhindern.[21]

Diabetes-Anzeichen und Zuckerwerte

Symptome für Diabetes

Die Symptome für Diabetes mellitus sind relativ charakteristisch und treten beim Typ-2-Diabetiker meist schleichend auf, während sie beim Typ-1-Diabetiker relativ plötzlich auftreten:

- stark erhöhter Durst
- oftmaliges Harnlassen (Überschuss-zukker wird ab ca. 180 mg/dl über den Harnweg ausgeschieden)
- Heißhunger oder Appetitlosigkeit
- Kraftlosigkeit, leichte Ermüdbarkeit
- Juckreiz am ganzen Körper
- Kopfschmerzen und Schwindelanfälle durch schleichende Austrocknung und „Zuckerverarmung der Zelle“
- schlechte Wundheilung
- plötzlicher Gewichtsverlust beim Typ-1-Diabetiker.

Diagnose Diabetes mellitus

Die Diagnose Diabetes mellitus wird gestellt, wenn die in der nachstehenden Tabelle dargestellten Werte an zwei verschiedenen Tagen gemessen werden. Die Zuckerwerte, die über die IST-Situation konkret Auskunft geben, werden am besten durch den Arzt ermittelt oder durch Selbstmessung bestimmt.

Die Übersicht auf der nächsten Seite soll daher neben den direkt Betroffenen auch den Familienmitgliedern dienen. Wer die verschiedenen Zuckermesswerte kennt und einordnen kann, wird hoffentlich das Thema Diabetes weniger verdrängen, rechtzeitiger handeln, besser mit dem Arzt zusammenarbeiten und mehr Motivation zur Eigeninitiative „Ernährung und Bewegung“ bekommen. Hoffentlich! Denn das veranlagungsbedingte Risiko ist in der ganzen Familie erhöht. Daher sollten alle über ihre Situation regelmäßig Bescheid wissen und manchmal einfach mitmessen.

Normalerweise bewegt sich der Blutzuckerwert nüchtern zwischen 60 und 100 mg/dl. Nach dem Essen sollte er unter 140 mg/dl liegen. Übersteigt er nüchtern einen Wert von 180 mg/dl, kann die Niere den Zucker nicht mehr zurückhalten (Nierenschwelle). Zucker wird dann im Urin nachweisbar.

HbA1c

Der rote Blutfarbstoff Hämoglobin verbindet sich auch beim Gesunden zum Teil mit dem im Blut vorhandenen Zucker. Das mit Glukose „verzuckerte“ Hämoglobin heißt HbA1c. Der Wert gibt den Prozentanteil des mit Glukose verbunden Hämoglobins an. Normalerweise liegt er bei vier bis sechs Prozent. Da die roten Blutkörperchen als Träger des Hämoglobins etwa 120 Tage leben, charakterisiert der HbA1c-Wert den Langzeitverlauf des Blutzuckers in den letzten sechs bis acht Wochen. Er wird daher auch Langzeitzucker oder „Zuckergedächtnis“ genannt. Um das Risiko einer Herz-Kreislauf-Erkrankung beim Typ-2-Diabetes möglichst niedrig zu halten, wird ein Zielwert von unter 6,5 empfohlen.

Bei einem Wert unter sieben wird das Risiko als mäßig, bei über acht als hoch eingestuft. Für die Glykämiekontrolle wird in Österreich ein HbA1c von unter sieben angeraten.[23]

Zuckermesswerte, die zur Diagnose Diabetes mellitus führen[23]

Diagnose	Venöses Blut Venöse Blutabnahme mg/dl	Kapillarblut Selbstmessung mg/dl
Nüchtern		
Gestörte Nüchtern-Blut-Glukose	> 110	> 100
Diabetes	**> 126**	**> 110**
Glukosetoleranztest (OGTT) 2 Stunden nach Trinken von 75 g Glukoselösung		
Gestörte Glukosetoleranz	> 140	> 140
Diabetes	**> 200**	**> 200**

Blutglukosekonzentration (mg/dl)

Normal

Nüchtern	< 100
2 Stunden nach OGTT	**< 140**

Prä-Diabetes

Nüchtern	100–125
2 Stunden nach OGTT	**140–199**

Diabetes mellitus

Nüchtern	> 126
2 Stunden nach OGTT	**> 200**

Der Weg des Zuckers

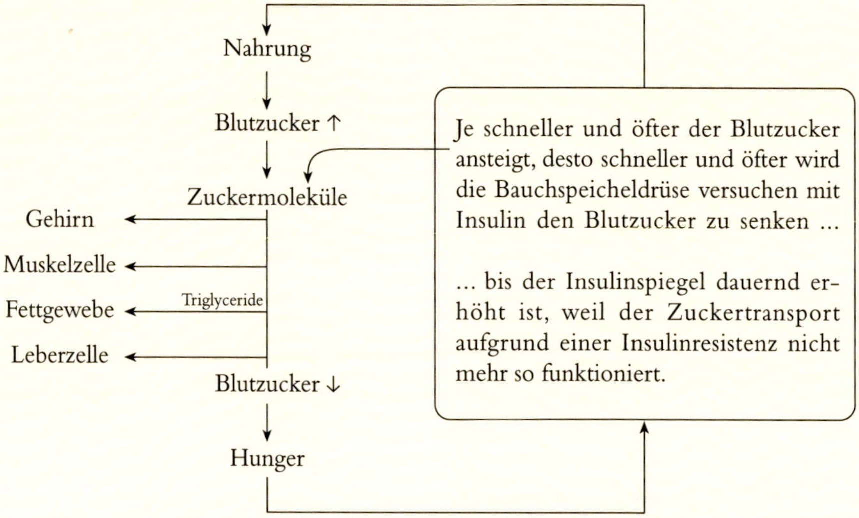

Risikofaktoren für Typ-2-Diabetes

Verhaltensrisiko

Während Typ-1-Diabetiker aus heiterem Himmel erkranken, hat der Typ-2-Diabetes eine Vorgeschichte, die durch das Bewegungs- und Ernährungsverhalten mitbestimmt wird. Die nachstehend aufgezählten zwölf Risikofaktoren erhöhen die Wahrscheinlichkeit, an Typ-2-Diabetes und dessen Folgen zu erkranken.

Typ-2-Diabetes-Risiko erhöhen[23]

- familiäre Häufung (Eltern/Geschwister)/Veranlagung
- Schwangerschaftsdiabetes
- Alter über 65 Jahre
- Geburtsgewicht weniger als 2500 g oder höher als 4100 g

\+

- chronischer Bewegungsmangel
- Überernährung
- Dauer-Stress
- Rauchen

=

- bauchbetontes Übergewicht (BMI > 25 kg/m^2) und Adipositas BMI > 30 kg/m^2)
- gestörte Nüchtern-Blutzuckerwerte
- gestörte Glukosetoleranz
- metabolisches Syndrom (siehe Seite 14)

Leicht ist zu erkennen, dass man mit seinem Lebensstil eigentlich nur an „Vier Schrauben" drehen kann. Alle anderen stehen entweder schicksalsbedingt fest oder können nur medikamentös beeinflusst werden.

Welche herausragende Rolle Bewegung für die Vorbeugung spielen kann, ist leicht zu erkennen: Bewegung wirkt auf alle beeinflussbaren Risikofaktoren sowie auf die Erkrankungs- und Sterblichkeitsrate, wenn schon Folgeschäden vorliegen. Darüber hinaus baut regelmäßige Bewegung Schutzfaktoren auf.

Diese Vielzahl von Trainingswirkungen sind im Kapitel „So vielseitig nützt Bewegung" beschrieben. Es wäre daher naheliegend, dem gezielten Diabetes-Fit-Training neben der Ernährung und Medikation eine besondere Rolle einzuräumen.

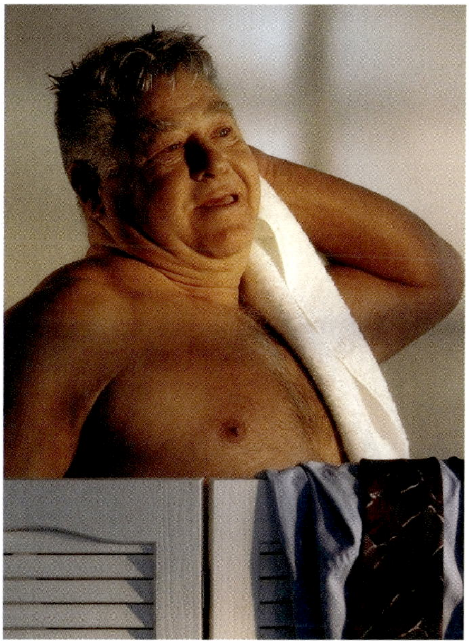

Body-Mass-Index

Zur objektiven Einschätzung der Gewichtssituation wird der so genannte Body-Mass-Index (BMI) herangezogen.

$$\text{BMI} = \frac{\text{Gewicht in kg}}{(\text{Größe in m})^2}$$

Beispiel:
Körpergröße = 172 cm
Gewicht = 70 kg

$$\text{BMI} = \frac{70}{1{,}72 \times 1{,}72} = 23{,}6$$

Muskulöse Menschen erreichen Werte über 25 kg/m² relativ leicht, weil Muskel schwerer als Fettgewebe ist. Daher ist in der Beurteilung immer eine gewisse Vorsicht geboten. Jeder wird aber mit freiem Auge sehen, ob zu viele Muskeln im Spiel sind oder einfach eine zu hohe Fettmasse.

Mit zunehmendem Übergewicht steigt das Risiko, an Typ-2-Diabetes zu erkranken, um das Fünf- bis Zehnfache an (!)[20]. Wer einen BMI über 30 kg/m² aufweist, wird als adipös bezeichnet. Da vor allem das Bauchfett die bereits erwähnte Insulinresistenz (Insulinunempfindlichkeit) bewirkt, gibt es auch für den Bauchumfang Bezugswerte, die ein erhöhtes Typ-2-Diabetes-Risiko andeuten (siehe Kasten).

Das Bauchfett ist eine „Hormonfabrik" und dürfte auch in einer verhängnisvollen Wechselwirkung mit zwei weiteren Hormonen stehen, nämlich Leptin und Testosteron.

Leptin hemmt das Hungergefühl. Seine Wirkung lässt bei ausgeprägtem Bauchfett nach. Die mögliche Folge: „Ich könnte dauernd Essen ..."

Bauchfett und Insulinresistenz senken auch den Testosteronspiegel. Dies hat wieder die Einlagerung von Bauchfett zur Folge, weiters Antriebsschwäche und depressive Verstimmung. Eine Negativspirale in Richtung Bewegungsmangel, Gewichtszunahme und metabolisches Syndrom beginnt sich langsam zu drehen.[11]

Bauchumfang (BU) und erhöhtes Typ-2-Diabetes-Risiko

	erhöhtes Typ-2-Diabetes-Risiko
Männer	
BU > 94 cm	erhöht
BU > 102 cm	stark erhöht
Frauen	
BU > 80 cm	erhöht
BU > 88 cm	stark erhöht

Ursachen und Zusammenhänge für Typ-2-Diabetes

Bis zu 30 Prozent der Erwachsenen sind in den westlichen Industriestaaten stark übergewichtig mit einem Body-Mass-Index von größer 30. Etwa drei bis neun Prozent haben derzeit einen diagnostizierten Diabetes mellitus. Für Österreich wird geschätzt, dass noch einmal so viele einen unentdeckten Typ-2-Diabetes mellitus oder die Vorstufe der Glukosetoleranzstörung haben. Besorgniserregend ist in den letzten Jahren die hohe Neuerkrankungsrate. Eine Studie in Deutschland zeigte, dass ca. 40 Prozent der über 55-Jährigen einen Diabetes oder eine Diabetes-Vorstufe aufweisen. Die Ursachen und Zusammenhänge, die der Entstehung Vorschub leisten, sind im Folgenden dargestellt.

Entstehung von Typ-2-Diabetes – Ursachen und Zusammenhänge

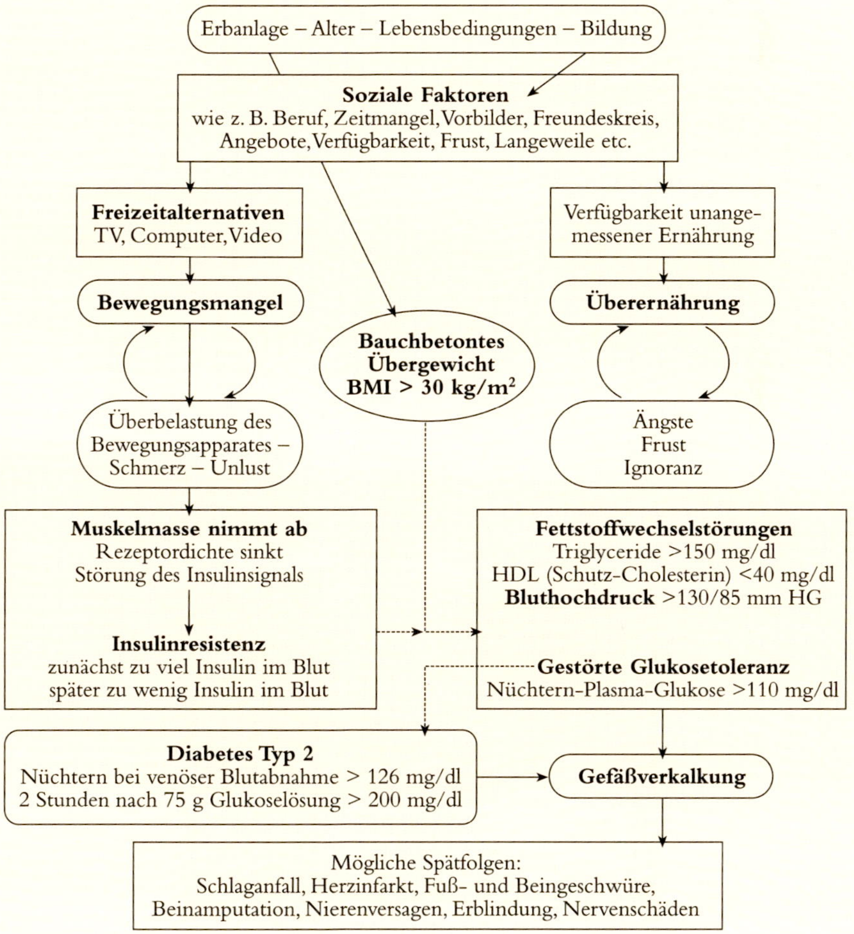

Adipositas begleitet den Wohlstand

Bewusstlos

Das Phänomen Adipositas – starkes Übergewicht mit einem Body-Mass-Index größer 30 – ist kein rein medizinisches Problem, sondern eines der gesamten Gesellschaft. Erstmals in der Geschichte der Menschheit dürften mehr Menschen durch Bewegungsmangel und Kalorienüberfluss sterben als an Unterernährung – also an den vielen Folgen von Übergewicht und Typ-2-Diabetes mellitus.

Nahrungsmittel stehen fast jederzeit und überall im Übermaß zur Verfügung. Süßes und Fettes verbessern den Geschmack. Die Super-Size-Portionen der Fast-Food-Ideologie schlagen überall und unbarmherzig zu, vor allem zu Bauch – und das schon im Kindesalter. Die jüngsten „Wohlstands- oder Altersdiabetiker" sind unter zehn Jahre!

Wir essen insgesamt zu schnell, zu viel, zu fett und zu süß und „ziemlich bewusstlos" in der Relation zum Ausmaß der Bewegung, die wir täglich machen. Übergewicht nimmt nicht nur in der westlichen Welt überhand, sondern auch dort, wo noch vor kurzem Hunger das Leben bedrohte. Dort wird durch den „rasch zunehmenden Wohlstand" und damit Veränderung des Lebensstils auch ebenso rasch das entsprechende Krankheitsspektrum importiert. Und damit auch der Typ-2-Diabetes.

Bewegungslos

Der vermutlich wirklich entscheidende Grund für dieses Ungleichgewicht zwischen dem IST und SOLL liegt darin, dass sich das natürliche Bewegungsausmaß in den letzten 50 Jahren dramatisch verringert hat.

Ernährungsstudien zeigen, dass in den letzten 25 Jahren die Pro-Kopf-Zufuhr an Ka-

lorien konstant blieb oder sogar abnahm, während starkes Übergewicht in der Bevölkerung zunahm. Die Zunahme der Adipositas hing gesichert mit der Zunahme des Bewegungsmangels zusammen.[6]

Ein Zusammenhang der Adipositas mit dem Ausmaß des Fernsehkonsums lässt sich sowohl bei Kindern als auch bei Erwachsenen nachweisen.[21]

Wir schlemmen aus Langeweile

Anstatt die Ernährung dem Verbrauch anzupassen, schlemmern wir – durch die Verfügbarkeit und die Werbung verführt – aus Genuss und zum Teil aus Langeweile. Vermutlich biologisch darauf programmiert, für Notzeiten gerüstet zu sein, langen und legen wir täglich zu. Forschungsergebnisse weisen nach, dass Bewegung alleine die Neuerkrankungsrate an Typ-2-Diabetes reduziert. Daher kurios, aber nicht unlogisch: Typ-2-Diabetes geht in manchen „Entwicklungsländern" Hand in Hand mit der Zunahme des Automobilverkehrs: Immer weniger wird hier zu Fuß gegangen oder mit dem Rad gefahren, da man sich das Auto leisten kann.

Beispiel Pima-Indianer

Ein beeindruckendes Beispiel dazu bieten die in Mexiko und den USA lebenden Pima-Indianer. Die amerikanischen Stammesbrüder nehmen täglich durchschnittlich 500 Kalorien mehr zu sich als die mexikanischen Stammesgenossen und sind dadurch auch um 26 Kilogramm schwerer. Der Body-Mass-Index der mexikanischen Indianer liegt bei 25, jener der amerikanischen bei 33. Die Folge: Jeder Zweite (!) von ihnen ist zuckerkrank. Damit wird offensichtlich, dass der Einfluss der Veranlagung zumindest nicht wichtiger ist als Bewegung und Ernährung.

Gegenüber schlanken Personen haben stark Übergewichtige ein um den Faktor 20 erhöhtes Risiko für Typ-2-Diabetes.

➔ Sicher (nicht) schlanker

Leere Versprechungen

Sicher ist, dass die Anbieter von Schlankheitspillen bei Unwissenden leicht punkten. Wie groß muss der Leidensdruck sein, dass Heerscharen von Übergewichtigen immer wieder auf absurde Versprechungen wie z. B. „In 14 Tagen schlank“ hereinfallen.

Diese Scheinlösungen füllen die Geldbeutel der Anbieter und leeren jene der Zielgruppen. Und das gilt natürlich auch für Diabetiker.

Dabei ist das Strickmuster irreführender Werbung fast immer gleich:

- Man braucht sich nicht anstrengen.
- Es wird eine rasche Problemlösung versprochen.
- Die Problemlösung basiert auf angeblichen wissenschaftlichen Ergebnissen, die vorzugsweise in Amerika von irgendeinem Arzt bestätigt werden.
- Ein Rückgaberecht suggeriert die Seriosität des Angebotes.
- Nicht nachvollziehbare Fallbeispiele belegen die angebliche Wirkung.
- Und natürlich sind die Kosten nicht zu gering. Denn ein hoher Preis verspricht Qualität.

Jo-Jo-Effekt

Und wer den Schaden hat, braucht sich um den Spott nicht zu sorgen. Daher kenne ich niemanden, der zugibt, dass er wieder einmal einer Ente aufgesessen ist. Denn wenn es überhaupt Erfolge mit Schlankheitsmitteln gibt, dann sind sie meist nur kurzfristig.

Im Normalfall hat die „Diät“ den Körper dazu verleitet, das Futter noch besser zu verwerten, sodass der Zeiger auf der Waage über die ursprüngliche Ausgangsmarke springt. Jo-Jo-Effekt nennt die Fachsprache diesen biologischen Mechanismus, sich auf Hungerzeiten einzurichten.

Fazit

Die Schlankheitsindustrie bedient sich gerne der Gesundheitsargumente, kann aber naturgemäß nur bedingt ihre Versprechungen einlösen. Wurden Sie auch schon ein Opfer?

Fit-Tipp

Studieren Sie Konsumentenschutz-Informationen zum Thema „Diäten“ und „Die 50 größten Diät-Lügen“, erschienen im Hubert Krenn Verlag. Es werden Ihnen einige Lichter aufgehen.

Die 50 größten Diät-Lügen!
Die gängigsten Irrtümer rund um
Kilos, Kalorien & Schlankheitskuren.
Hubert Krenn Verlag
ISBN 3-902351-65-9

Professionelle Hilfe suchen

Resignation

Das Thema Bewegungsmangel und Übergewicht mündet zwangsweise in der Frage: Wer ist schuld daran? Bin ich faul? Warum bin ich wirklich so faul? Dann breitet sich häufig Resignation aus.

Sport – das schaff ich doch nie! Bringen verzweifelte und unprofessionelle Anläufe dann Misserfolge, werden Versager- und Frustgefühle zum Dauerbegleiter.

Die Folge

Man spricht mit niemanden mehr über seine „Probleme" und fühlt sich unverstanden. Eine Negativspirale beginnt sich zu drehen. In dieser Situation wird man zum idealen Opfer „schneller Problemlöser", die sicher nicht schlanker machen. Im Gegenteil: Der Jo-Jo-Effekt schlägt zu, wenn gehungert wird. So wird es immer mühsamer, aus der Negativspirale aus- und in eine Positivspirale einzusteigen.

Hilfe suchen

In dieser Situation ist die Erkenntnis entscheidend, dass man professionelle Hilfe suchen muss, wenn man es alleine nicht schafft, sein Bewegungs- und Ernährungsverhalten gesünder zu gestalten.

Selbsthilfegruppen

Adipositas-Selbsthilfegruppen bieten dazu z. B. seriöse und leistbare Hilfe. Ein Netzwerk verständnisvoller Freunde ist ebenso von großem Vorteil für Selbstwert, Durchhaltevermögen und Wohlbefinden. Studien belegen unmissverständlich: Niemand ist auf Dauer gesund und glücklich, wenn er einsam ist.

Zusammenhänge

- Übergewicht ist die natürliche Antwort auf eine unnatürliche bewegungsarme Lebensweise.
- Wer seine Gewichtssituation und die zugrunde liegenden Zusammenhänge versteht, hat eine höhere Chance, gesund und möglichst lange fit zu bleiben.
- Wissen ist daher eine große Chance, besser für seine Gesundheit zu sorgen und die Lebensverhältnisse gesünder zu gestalten, also zum Beispiel die vielen Wirkungen körperlicher Aktivität zu nutzen und auf leere Versprechungen nicht hereinzufallen!
- Wissen alleine verändert aber noch lange nicht automatisch das Verhalten.

Die Negativspirale

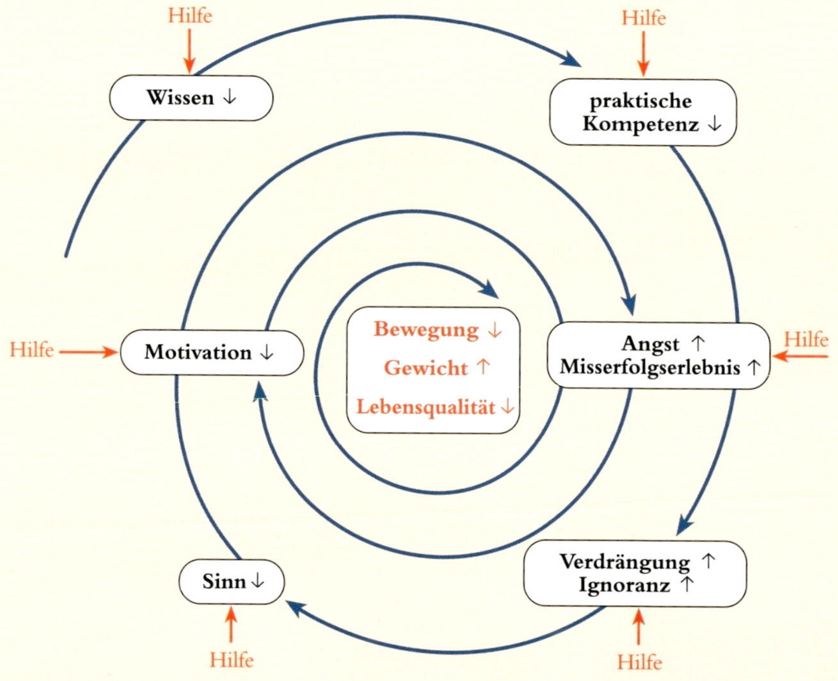

Bewegungsmangel ist Gift!

Bewegungsunfreundliche Gesellschaft

Bewegungsmangel führt zu Muskelschwund, einer Verringerung der Dichte von Insulinrezeptoren, einer Insulinresistenz und zu einem ständig erhöhten Insulinspiegel. Dieser hemmt die Verbrennung von Fett, wodurch Adipositas begünstigt wird und in der Folge das schon bekannte metabolische Syndrom. Langsam „rieselt der Kalk“ in den Blutgefäßen, bis sie verschlossen sind ...

Chronischer Bewegungsmangel

Chronischer Bewegungsmangel kennzeichnet immer häufiger den Alltag in den Industrieländern, während die „beschleunigte Kopfarbeit“ zunimmt. Wir sitzen, wir liegen, wir fahren, lassen bewegen, anstatt unsere Muskeln aktiv einzusetzen, obwohl wir längst wissen, wie wichtig Bewegung ist.

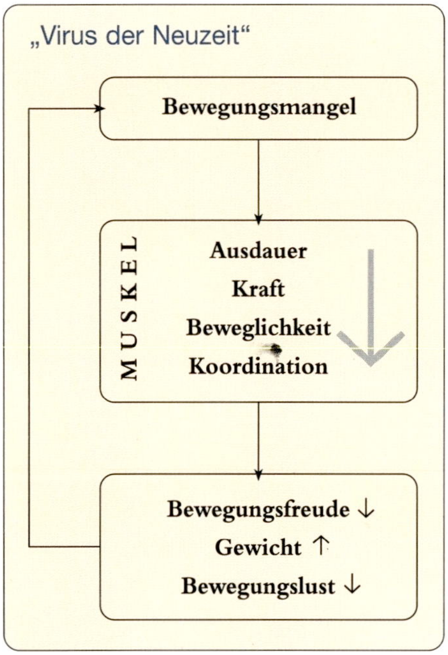

Warum?

Bewegungsmangel wird in seiner krank machenden Potenz (noch) nicht überall wirklich ernst genommen. Wie ist es sonst zu verstehen, dass sogar in vielen medizinischen Therapien Bewegung noch eine völlig untergeordnete Rolle spielt? Oder: Warum wird die täglich wirksame Bewegungszeit noch nicht wie die Nahrungsaufnahme im Tagesablauf fix eingeplant? Dabei ist Bewegung eine besondere Art der Nahrung für alle Säugetiere, also auch für den Menschen!

Unbiologisch

Bewegung in seiner Bedeutung wirklich ernst zu nehmen ist offensichtlich schwer, vermutlich weil Bewegungsmangel nicht leicht zu erfassen ist. Dazu kommt, dass wir die Maschine erfunden haben, um sie arbeiten zu lassen. Dennoch müssen wir zur Kenntnis nehmen: Bewegungsmangel ist un-bio-logisch. Bewegung ist eine biologische Notwendigkeit, der sich niemand entziehen kann. Wir können zwar die Bewegungsart und den Zeitpunkt frei wählen, aber ein Minimum an Bewegung ist ein Muss. Dieses Naturgesetz gilt auch und im Besonderen für alle chronisch kranken Menschen wie den Diabetiker. Es führt kein Weg an regelmäßiger körperlicher Aktivität vorbei, wenn man einem Typ-2-Diabetes vorbeugen, die möglichen Folgeschäden in Grenzen halten und mit Diabetes verantwortungsvoll umgehen will. Jeder Schritt, der mit Muskelkraft erledigt wird, zählt.

Fernsehen

Es ist nicht weiters verwunderlich, dass eindeutig ein Zusammenhang zwischen hohem Fernsehkonsum und erhöhtem Risiko für Adipositas und Typ-2-Diabetes in einer sechsjährigen Studie an über 50.000 Frauen belegt werden konnte. Die Studienautoren schätzen, dass ca. 30 Prozent der Adipositas- und 43 Prozent der Typ-2-Diabetes-Fälle verhindert werden könnten. Sie empfehlen einen Fernsehkonsum von weniger als zehn Stunden pro Woche und täglich 30 Minuten schnelles Gehen.[21] Meine Empfehlung lautet, die Fernsehzeit zu nutzen, um am Fahrradergometer das tägliche Bewegungspensum herunterzustrampeln. Das brächte einen enormen Gewinn an Gesundheit, Fitness und Lebenszeit.

Bewegungsmangel und Übergewicht weisen im Vergleich der österreichischen Bundesländer ein ähnliches Ost-West-Gefälle auf. Am häufigsten bewegen sich Salzburger, Tiroler und Vorarlberger, während die Burgenländer, Wiener und Niederösterreicher sich am wenigsten in ihrer Freizeit körperlich betätigen.[21]

Kinder und Jugendliche

Bewegungsmangel hat bei Kindern und Jugendlichen besonders fatale Auswirkungen auf ihre gesamte Entwicklung – nicht nur auf das Gewicht. Vor allem Mädchen weisen bereits im Kindesalter Defizite im Bewegungsverhalten auf, sodass hier dringend gegengesteuert werden muss.[37]

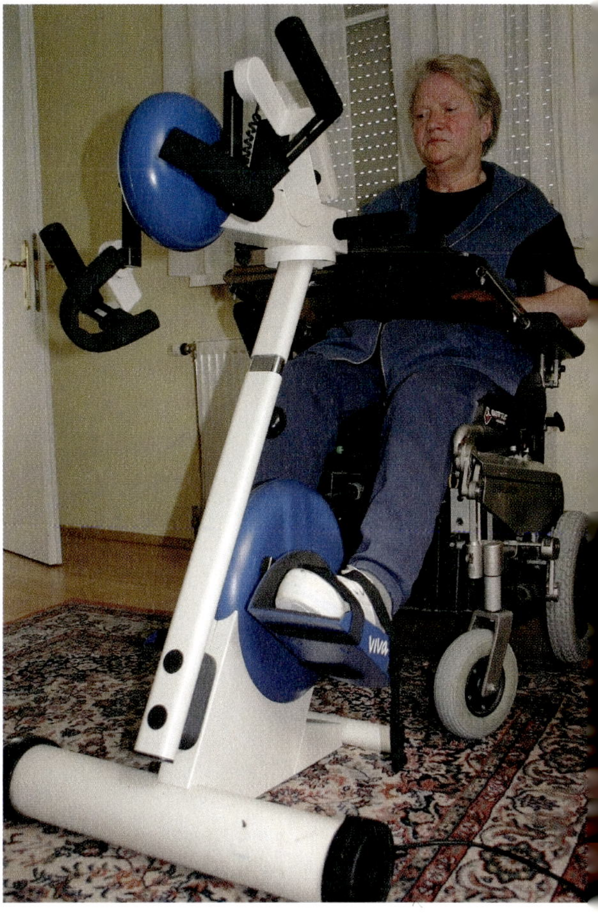

Bewegungsbarrieren

Wissen fehlt

Manche Experten wundern sich, dass Bewegung als Vorbeugung und Therapie von Diabetes nicht schon längst weit verbreiteter Standard ist. Weiters wird die schlechte Therapiezusammenarbeit des Diabetikers bezüglich Bewegung bekrittelt.

Beide Tatsachen sind eigentlich nicht besonders verwunderlich. Zum einen hat Bewegungstraining für Diabetiker (noch) keine sehr starke Lobby, zum anderen bleibt bisher das Detailwissen über Diabetes und sportliche Bewegung bestenfalls auf der Expertenebene in den Fachbüchern und neuerdings im Internet stecken.

Wer weiß zum Beispiel, dass schon wenige Tage Bettruhe die Glukosetoleranz verschlechtern und eine erhöhte Insulinsekretion zu beobachten ist?

Weiters ist vermehrte Bewegung durchaus mit einem gewissen Aufwand und Risiko verbunden, sodass die meisten Anleitungen vage sind oder aufgrund der Unsicherheit einfach gleich gar nicht gegeben werden. Natürlich ist die Alternative, sich nicht zu bewegen, ein grober Kunstfehler, aber eben einfacher und bequemer für alle!

Vielleicht ist als wichtigster Grund noch anzuführen: Medikamente werden von der Krankenkasse bezahlt, Bewegungstraining, das ebenso wirksam oder manchmal noch wirksamer ist, wird vom kranken Gesundheitssystem nicht wirklich zur Kenntnis genommen.

Bewegungskiller

Wenn jährlich zu Silvester Meinungsumfragen abklären, was der sehnlichste Wunsch ist, dann steht „gesund bleiben" an erster Stelle. Auf die Frage: „Was wollen Sie dafür tun?", sagen die meisten „mehr Gesundheitssport". Wunsch und Wirklichkeit klaffen aber erheblich auseinander. Denn sonst wären in Österreich nicht nur 40 Prozent der Bevölkerung zumindest ein- bis zweimal wöchentlich sportlich aktiv, sondern 60 bis 70 Prozent. So viele, schätzt man, sind aktivierbar.

Bewegungsmuffelei und sportliche Inaktivität haben ihre konkreten Gründe und benötigen Verständnis. Es sind vor allem die Bewegungskiller im Kopf – Unwissenheit, Angst, Ignoranz –, die Bewegung verhindern.

Ängste

Dass gerade Diabetiker Ängste haben, ist zunächst mehr als verständlich. Oft übergewichtig, besteht natürlich die Furcht, den Bewegungsanforderungen nicht gerecht zu werden. Für sportlich weitgehend inaktive Menschen sind utopisch klingende Forderungen nach mehr Bewegung besonders abschreckend. („Das schaff ich doch nie!")

Misserfolgserlebnisse in der Vergangenheit haben vermutlich schon einiges angerichtet. Dazu kommt die Unsicherheit, wie der Blutzucker auf Bewegung reagiert. Wer sich nicht auskennt, hat Angst vor einem Hypo oder Hyper. Dass in dieser Situation das Thema Bewegung gerne verdrängt und ignoriert wird, ist nachvollziehbar.[8]

Vielleicht ist noch eine depressive Verstimmung und innere Antriebsschwäche im Spiel – also null Bock auf Bewegung. Umso wichtiger ist daher das Wissen und einmal das Erlebnis, welche Nutzwerte Bewegung bietet.

Für den Einstieg darf die sportliche Aktivität auf alle Fälle nicht als quälende Zusatzbelastung empfunden werden. Es braucht ferner Zeit, um Bewegung dauerhaft in das Leben zu integrieren. Wie behutsam Gesundheitssportprogramme in das Leben eingebettet werden müssen, zeigen die Ausfallsquoten innerhalb der ersten Monate von bis zu 60 Prozent.[31]

Es fehlen meist auch besondere Anreize, Angebote und vor allem konkrete Erlebnisse für den Einstieg in die Positivspirale. Vielleicht ist aber Bewegung auch zu alltäglich, zu natürlich, zu wenig spektakulär, zu billig oder zu teuer?

Es gibt viele Gründe, mit Bewegung gar nicht einmal zu beginnen. Und es gibt ebenso viele Gründe, wieder aufzuhören. Aber natürlich gibt es noch mehr Gründe, sich regelmäßig zu bewegen. Ganz besonders für Diabetiker und übergewichtige Menschen.

Fit – Komm mit!

Bewegungskiller-Test

Dieser „Test“ soll helfen, persönliche Bewegungskiller aufzuspüren.

Das Ziel: Ängste erkennen und abbauen, Ignoranz und Verdrängung aufgeben, Wissen für die Hilfe und Selbsthilfe aneignen.

Haben Sie Angst oder werden Sie unsicher, wenn Sie

- *jemand zu einer Bergwanderung überreden möchte*
- *zum Tanz eingeladen werden*
- *ein neues Fahrrad besteigen sollen*
- *einen Diabetes-Fit-Kurs besuchen könnten*
- *einen Ball sehen*
- *eine Belastungsuntersuchung beim Arzt absolvieren müssen?*

Ignorieren Sie es, wenn Sie

- *oft ins Schnaufen geraten*
- *dauernd müde sind*
- *an starkem Übergewicht leiden*
- *zu hohe Blutdruckwerte haben*
- *Ihr Blutzuckerspiegel verrückt spielt*
- *einsam sind?*

Wussten Sie, dass Bewegung

- *eine der drei Säulen in der Diabetiker-Therapie ist*
- *durch keine Pille zu ersetzen ist*
- *manchmal erst ermöglicht, dass Insulin wirken kann*
- *wie eine „Wohlfühlpille“ wirkt und die Stimmung verbessert*
- *wenn man sie richtig dosiert, sicher keinen Muskelkater erzeugt*
- *Ihr Selbstbewusstsein stärken wird?*

Ausreden und Gegenargumente

Gemeinsame Gesundheitskarriere

„Ich bin auch nicht als Sportler auf die Welt gekommen. Mich hat ein Freund dazu gebracht.“ – So erleben viele Menschen den Beginn ihrer „Fitness- und Gesundheitskarriere“. Gründe für sportliche Aktivität gibt es genug, wie die Trainingswirkungen im Kapitel „So vielseitig nützt Bewegung“ beweisen. Aber viele der rund 60 Prozent sportlich inaktiven Menschen in Österreich spielen noch mit Gegenargumenten, obwohl sie im Innersten ihres Herzens schon ahnen: „Ohne Bewegung wird es nicht gehen.“

Um sich aber wirklich auf den Weg zu machen und den ersten Schritt und weitere zu wagen, bräuchten sie die Hilfe aktiver Vorbilder. Daher soll dieses Kapitel jene „Gesundheitsförderer“ mit Argumenten versorgen, die ihre noch inaktiven Bekannten mit einem persönlichen Gespräch zu einem gemeinsamen Start motivieren wollen.

Motto: Fit – Komm mit!

Natürlich ist es unmöglich, einen absoluten Bewegungsmuffel zu überzeugen. Viele Ausreden sind auch nicht die wahren Gründe für die Sportabstinenz. Wer aktiv hinhört, wird aber schon herausfinden, was wirklich bremst.

Für das Gespräch 16 Ausreden und mögliche Antworten darauf.

„Ich habe keine Zeit. Arbeit, Familie, Hobbys, Haus und Garten warten.“

Zeitmangel ist der am häufigsten vorgebrachte Einwand gegen sportliche Aktivität. Tatsächlich gibt es nicht wenige Menschen mit sehr wenig frei verfügbarer Zeit. Wer viele Interessen und Verpflichtungen hat, kommt logischerweise leicht in einen Terminkonflikt. Für einen Diabetiker sollte die Priorität aber klar sein.

Bewegung ist zumindest genauso wichtig, wenn nicht wichtiger. Denn der Sprachkurs wird die Insulinsensibilität der Muskelzelle nicht verbessern, der flotte Spaziergang aber schon. Clever ist, wer die Interessen gleich verbindet und zumindest den Heimweg mit Bewegung koppelt.

Oft ist aber der angegebene Zeitmangel auch ein Vorwand. Ein bis zwei Stunden sanfte, sportliche Bewegung pro Woche in einer netten Gruppe – als Fixpunkt im Leben – müssten für die meisten machbar sein, wenn sie darin eine Lebenspriorität sehen. Und für den Diabetiker muss Bewegung wichtig sein!

Ein über siebzigjähriger Diabetiker, der bereits 20 Jahre in ein Diabetes-Fit-Training geht, sagte mir dazu einmal: „Ich richte mein Leben auf die zwei Bewegungstermine in der Woche aus. Nur Krankheit und mein Ski-Urlaub können mich davon abbringen."

„Ich finde Sport zu anstrengend, mir geht schnell die Luft aus."

Beim gesundheitsorientierten Ausdauertraining sollte man grundsätzlich und besonders als Diabetiker noch problemlos reden können. Mäßig, aber regelmäßig heißt die Belastungsdosierung. Dies gilt auch und besonders bei starkem Übergewicht. Bei Adipositas sind meist schon sehr geringe Bewegungsreize wirksam.

Das Prinzip des so genannten „Laufen ohne schnaufen" ist auf alle andere Bewegungsformen übertragbar. Die Angst vor dem missliebigen Gefühl der Atemnot ist daher unbegründet, wenngleich wahrscheinlich schon sehr oft erlebt.

Wer beim Stiegensteigen leicht ins Schnaufen kommt, muss einfach langsamer steigen und Pausen machen. Wer zu schnell ist, strapaziert sich sinnlos und begibt sich in unnötige Gefahr der Überforderung.

Auch hier wieder der Hinweis: Beim Diabetes-Fit-Rezept spielen Regelmäßigkeit und Bewegungslangsamkeit eine entscheidende Rolle.

„Ich bin zu müde, heute freut mich gar nichts."

Müdigkeit kann Anzeichen für eine geringe Erholungs- und Leistungsfähigkeit sein. Antriebslosigkeit und depressive Verstimmung begleiten nicht selten den Diabetiker. Daher wäre Dauerschonung genau das Verkehrte, wenn andere gesundheitliche Gründe, z. B ein Infekt oder eine Unterzuckerung, ausgeschlossen wurden. Wer sich zehn Minuten nach Beginn einer leichten Bewegungsaktivität immer noch schlapp fühlt, sollte stoppen und sich passiv erholen. Ansonsten ist aktive Erholung mit leichter Bewegung effektiver, um sich bald frischer zu fühlen.

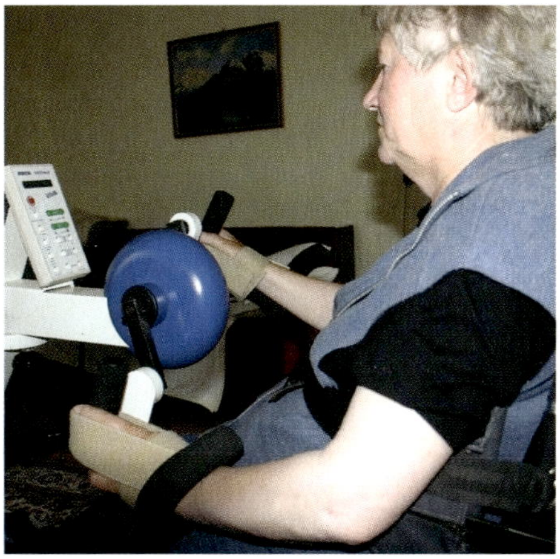

„Ich bin schon zu alt."

Wer rastet, der rostet. Das gilt ganz besonders für den Diabetiker. Auch im hohen Alter ist man noch trainierbar. Allerdings ist das JA vom Arzt anzuraten.

Zu empfehlen sind nur Bewegungsformen, die den Bewegungsapparat und das Herz-Kreislauf-System kontrolliert belasten (z. B. Ergometerfahren) und die Sturzgefahr gering halten.

„Ich habe gesundheitliche Probleme."

Es gibt natürlich gesundheitliche Gründe für ein absolutes Sportverbot. Ein Mindestmaß an Bewegung wie erholsame Spaziergänge ist jedoch fast immer möglich und notwendig. Bewegung lenkt auch ab. Art und Ausmaß sollten natürlich unbedingt mit Ihrem Arzt entschieden werden. Selbst dann, wenn chronische Krankheiten – wie Diabetes – Art, Umfang und Intensität einschränken, führt kein Weg an körperlicher Aktivität vorbei. Bewegung ist eine Säule in der Therapie und hilft beim Vorbeugen ernsthafter Spätschäden. Wichtig: Keine Übertreibungen! Auf sein Inneres hören und keine Risiken eingehen.

„Ich finde kein geeignetes Sportangebot."

Es ist tatsächlich für einen Diabetiker nicht ganz einfach, ein geeignetes Bewegungsangebot zu finden. Wenn man in einer Gruppe nicht mehr mitkommt und seine Schwäche hör- (lautes Schnaufen) und sichtbar (roter Kopf) wird, ist dies unangenehm. Die Angst einer persönlichen Blamage ist wohl für uns alle der größte Hemmschuh, sich einer Sportgruppe anzuschließen. Dazu kommt, dass die Gefahr und Angst vor einer Unterzuckerung die Sache nicht gerade leichter machen. Hier empfehle ich nach den Regeln des Diabetes-Fit-Rezeptes (siehe Seite 57). Denn eines ist sicher: Um sich tatsächlich regelmäßig – unabhängig von der Witterung – kontrolliert und dosiert bewegen zu können, ist für den Diabetiker das Training auf dem Heimfahrrad zu Hause ein entscheidender Tipp.

„Ich finde keinen Spaß daran."

Für den Diabetiker ist gezielte, regelmäßige Bewegung nicht Jux und Tollerei, sondern eine Lebensnotwendigkeit, vergleichbar mit der Bedeutung von Tablettenschlucken oder Insulinspritzen. Sich selbst zu stechen macht auch niemandem Spaß,

ist aber notwendig. Dass Bewegung einem nichts gibt, ist wirklich widerlegt. Aber wer macht schon gerne Sport, ohne persönliche Freude dabei zu erleben? Fragt sich nur: Wie entsteht Freude? Sicher sind Erfolgserlebnisse wichtig. Dass es keinen Spaß macht, wenn vor allem beim ersten Sporttermin alles schief geht, ist nur allzu verständlich. Daher: Nie zu hohe Ziele stecken, lieber zu Beginn maßlos untertreiben, als sich hoffnungslos überfordern.

Der wahrscheinlich wichtigste erste Schritt, um sich zu bewegen, ist, einen geeigneten Partner für den Einstieg zu finden. Wenn man gemeinsam scherzt und lacht, dann überwindet man leichter so manches Trägheitsmoment. Der ideale Sportpartner ist mitreißend nach dem Motto: Fit – Komm mit. Er hat die gleichen Ziele, ist selbst am regelmäßigen Sporttreiben interessiert und will nicht Sieger sein.

Eine nette Sportgruppe, in der man geschätzt wird und die Rücksicht auf einen nimmt, bringt dazu noch Abwechslung. Denn natürlich will jeder etwas erleben, aber dennoch das Gefühl der Sicherheit nicht missen. Daher haben sich Sportvereine oder Selbsthilfegruppen bewährt.

„Ich fange morgen an."

Auf morgen den Start zu verschieben ist klassisch. Um der „Verschieberitis" zu entgehen, wird am besten der gemeinsame Bewegungstermin mit seinem Partner mündlich und schriftlich fixiert. Wenn der Start anderen auch noch mitgeteilt wird, dann gibt es kein Entkommen.

„Ich habe niemanden, der mich motiviert."

Das Suchen und Finden eines motivierenden Sportpartners oder einer Sportpartnerin ist nicht einfach. Da allerdings viele Diabetiker mit genau diesem Problem kämpfen, ist es nur eine Frage der Zeit, bis man fündig wird. Die vielfältigen Bewegungsmöglichkeiten im Alltag und in der Freizeit können – auch wenn man sie alleine betreibt – nicht alle fad sein.

Auch das von mir favorisierte tägliche Ergometertraining ist dann nicht langweilig, wenn man sich ablenkt. (Weiteres dazu im Kapitel „Das Diabetes-Fit-Programm".) Dem Thema Sportfreunde oder Bewegungsbegleiter wird übrigens im Kapitel „Die Positivspirale" noch Platz gewidmet.

„Ich mache genug Bewegung."

Neben den immer mehr sitzend oder stehend Berufstätigen, die abends auch hundemüde sind, gibt es noch immer genug Menschen, die eine schwere körperliche Arbeit ausüben oder glauben, dass sie das tun.

Wie auch immer: Die Biologie hat nirgends festgeschrieben, dass nur sportliche Bewegung für Diabetiker günstig ist.

Wirksame, zielgerichtete Bewegung ist das, was Diabetiker brauchen, um gesundheitlich zu profitieren. Da kontrollierte und exakt dosierbare Bewegungseinheiten – wie ein Medikament – gezielt zu verabreichen sind und gleichzeitig überfordernde Bewegungen ausgeschlossen werden können, ist Gesundheitssport zumindest eine wertvolle Ergänzung im Leben eines Diabetikers.

Bewegungsformen wie z. B. Schwimmen und Wassergymnastik haben auch eine erholende und ausgleichende Wirkung, speziell auf den Bewegungsapparat. Sie sind durch beruflich oder häuslich bedingte Bewegung nicht zu ersetzen.

„Ich fürchte mich vor Verletzungen."

Das Leben ist lebensgefährlich. Eine gewisse Verletzungsgefahr ist naturgemäß auch bei jeder sportlichen Aktivität gegeben.

Tatsache ist aber auch, dass der mögliche Nutzen von Bewegung gegenüber dem möglichen Schaden dann ungleich höher ist,

wenn die Trainingsfreigabe, Auswahl der Sport- oder Bewegungsart und vor allem die Bewegungsdosis „risikobewusst“ erfolgt. Auch dazu mehr im Kapitel „Diabetes-Fit-Rezept“.

Wer sich als Diabetiker nicht bewusst bewegt, leidet mit Sicherheit am Risikofaktor Bewegungsmangel mit seinen schleichend fatalen Folgen.

„Ich halte es mit Churchills ‚No sports‘, der Fitnesswahn ist Unsinn.“

Churchill sagte angeblich: „No sports, but exercises“. Trends sind immer diskussionswürdig und kritisch zu hinterfragen. Auch Fitnesstrends sind nicht vor Unsinn gefeit. Wer macht Trends und aus welchen Gründen? Dass Fanatismus auch beim Fitnesstraining problematisch ist, sagt uns der Hausverstand. Dies kann aber nicht die grundsätzliche Notwendigkeit von Bewegung für den Diabetiker vom Tisch wischen. Und tatsächlich hören auf Churchills „No sports“ immer weniger Menschen, weil sie spüren, dass Bewegungsmangel körperlich und geistig lähmt. Bewegung ist eine biologische Notwendigkeit.

„Ich bin zu ungeschickt, ich will mich nicht blamieren.“

Die Geschicklichkeit ist ausgezeichnet trainierbar, einfache Techniken oft rasch erlernbar, wenn man einen kompetenten Trainer hat. Niemand blamiert sich, wenn er die ersten Schritte wagt. Empfehlung: Beratung durch einen Experten über den Trainingsaufbau und die ersten Schritte mit einem einfühlsamen Partner.

„Ich finde den Trainer inkompetent und unsympathisch.“

Wenn der Trainer inkompetent und unsympathisch ist, dann ist das tatsächlich ein wichtiger Grund, das Angebot gemeinsam mit dem Sportpartner zu wechseln. Fit – Komm mit. Wir gehen woanders hin. Um diese Qualitäten einschätzen zu können, ist es wichtig, selbst auch Fachwissen zu haben.

„Ich habe Sport nie positiv erlebt und dann gar nicht mehr probiert.“

Fehlende positive Erlebnisse mit Bewegung haben manchen Diabetiker das ganze bisherige Leben begleitet. Oft wurde einem Sport und Bewegung in der Kindheit und Jugend schon vermiest. Man war immer der Unsportliche. Und weil man sich dann bald selbst als solchen hielt, wurde Bewegung nie ein freudvolles Thema. Ohne Bewegung stieg mit den Jahren das Körpergewicht und damit vergrößerte sich auch das „Trägheitsmoment“. Ganz ehrlich: keine einfache Situation.

Dieses Buch will ihnen dafür Verständnis vermitteln. Gleichzeitig soll aber jeder auch wissen, dass er es schaffen kann, ein erfolgreiches Bewegungsprogramm zu absolvieren. Es lässt sich ein regelmäßiges, sanftes und durchaus sinnvolles und angenehmes Diabetes-Fit-Training sogar in den eigenen vier Wänden durchführen. Natürlich ist es zu zweit oder in einer Gruppe im Sportverein unterhaltsamer und hat auch andere Vorteile, wie zum Beispiel Anleitung und Hilfestellung. Andererseits ist es zeitlich natürlich aufwändiger und die Partner nicht zu jeder Tageszeit verfügbar.

„Ich finde das Wetter zu heiß, schwül, regnerisch, kalt, windig, eisig."

Wenn das Wetter wirklich zu gefährlichen Situationen führen kann, wird einfach das Bewegungsprogramm geändert.

Der Fixtermin in der Woche mit einem Sportpartner sollte jedenfalls nicht platzen. Erfahrungsgemäß reißt sonst die Kontinuität der gemeinsamen Fitness- und Gesundheitstermine ab.

16 Gründe, sich nicht zu bewegen – wählen Sie aus ...

Welche Gründe haben Sie persönlich, sich nicht zu bewegen? Die 16 Gründe, um sich nicht zu bewegen, auf einen Blick. Gehen Sie alle Punkte durch und kreuzen Sie an, welche für Sie zutreffen.

- ☐ Ich habe keine Zeit. Arbeit, Familie, Hobbys, Haus und Garten warten.
- ☐ Ich finde Sport zu anstrengend, mir geht schnell die Luft aus.
- ☐ Ich bin zu müde, heute freut mich gar nichts.
- ☐ Ich bin schon zu alt.
- ☐ Ich habe gesundheitliche Probleme.
- ☐ Ich finde kein geeignetes Sportangebot.
- ☐ Ich finde keinen Spaß daran.
- ☐ Ich fange morgen an.
- ☐ Ich habe niemanden, der mich motiviert.
- ☐ Ich mache genug Bewegung.
- ☐ Ich fürchte mich vor Verletzungen.
- ☐ Ich halte es mit Churchills „No sports", der Fitnesswahn ist Unsinn.
- ☐ Ich will mich nicht blamieren.
- ☐ Ich finde den Trainer inkompetent und unsympathisch.
- ☐ Ich habe Sport nie positiv erlebt und dann gar nicht mehr probiert.
- ☐ Ich finde das Wetter zu heiß, schwül, regnerisch, kalt, windig, eisig.

Der motivierende Arzt

„Kunstfehler“

In der Regel leisten Ärzte unglaublich viel und retten mit ihrer Kunst Leben.

Manchmal können sie aber auch versagen und „Kunstfehler“ begehen, zum Beispiel den Nutzen von Bewegung in Zweifel zu ziehen und dem Typ-2-Diabetiker nicht ausdrücklich zu empfehlen.[38]

Natürlich gibt es Situationen, in denen Bewegung absolut nicht angezeigt ist. Aber die Regel ist das nicht. Vor allem sollte diese Entscheidung nicht vorschnell und leichtfertig ausgesprochen werden. Hier ein Beispiel, wie es ein Arzt einer Diabetikerin nicht gerade leicht machte, eine Bewegungskarriere einzuschlagen.

Als eine Kursteilnehmerin ihren Internisten für eine Trainingsfreigabe um ein Belastungs-EKG bat, entbrannte zunächst über die Notwendigkeit eine Diskussion.

Als die Trainingswillige darauf bestand, da sie schwere Diabetikerin wäre, Adipositas hätte und dazu einen nicht gut eingestellten Bluthochdruck, machte er schlussendlich die Ergometrie und verlangte einen Krankenschein.

Das einseitige Freigabeblatt für den Bewegungstrainer füllte er mit der Begründung nicht aus, dass die Befundblätter ausreichen würden. Dies war aber nicht der Fall, weil keine Angaben über die Trainingsherzfrequenz zu finden waren.

Als die Klientin mit dem Packen Papier vor dem Trainer stand, der sie aber nicht auf das Fahrradergometer steigen ließ, war sie einigermaßen unangenehm berührt und wollte schon aufgeben.

Fit-Tipp

Suchen Sie sich einen Arzt, der Ihre Bewegungsbemühungen versteht und unterstützt. Heute sollte sich kein Arzt mehr generell gegen Bewegung aussprechen, sondern durch eine individuelle Beratung die Belastungsgrenzen und Einschränkungen eruieren helfen. Er sollte Sie motivieren und eigentlich aktiv versuchen, Sie in eine Bewegungsgruppe zu bringen. Dazu ist es sinnvoll, die ärztliche Freigabe und die Belastungsgrenzen für den Bewegungstrainer schriftlich zu formulieren.

Und natürlich gibt es auch Gründe für ein Trainingsverbot. Ein verantwortungsvoller Arzt wird diese darlegen und – wenn möglich – ihnen mit Medikamenten oder anderen medizinischen Maßnahmen helfen, um trainingstauglich zu werden. Denn Bewegung ist für Leib und Seele Nahrung, die durch nichts zu ersetzen ist.

Wie viel bewege ich mich?

Die nachstehenden Fragen sollen ihnen helfen, den persönlichen Bewegungsumfang grob einzuschätzen.

Auch wenn Sie abends hundemüde sind, heißt das noch lange nicht, dass körperliche Bewegung der Grund dafür ist.

Geistige Belastungen und Stress machen schlapp, sind aber keine Nahrung für Ihre Muskulatur. Schätzen Sie sich ein und geben Sie sich Punkte.

Beruf

Fordert Ihr „Berufsalltag" von Ihnen körperliche Bewegung?

- ☐ Ich bewege mich im Beruf überdurchschnittlich viel
- ☐ mittelmäßig viel
- ☐ wenig
- ☐ praktisch überhaupt nicht

Sportliche Aktivitäten

Wie oft gehen Sie einer wirksamen sportlichen Aktivität nach, die 30 Minuten und mehr dauert und Ihr Herz-Kreislauf-System sowie Ihre Atmung spürbar anregt?

- ☐ Ich bewege mich „sportlich" dreimal und mehr pro Woche
- ☐ ein- bis zweimal pro Woche
- ☐ gelegentlich, also ein- bis zweimal pro Monat
- ☐ eigentlich nie

Freizeit

Gehen Sie oft ins Kino? Sitzen Sie in Ihrer Freizeit vor dem Fernseher, Computer oder Video? Lesen Sie viel? Oder machen Sie stundenlange Spaziergänge beim Einkaufsbummel?

- ☐ In der Freizeit bewege ich mich überdurchschnittlich viel
- ☐ mittelmäßig viel
- ☐ wenig
- ☐ praktisch überhaupt nicht

Restalltag

Hält Sie Ihre Wohnung auf Trab? Müssen Sie Rasen mähen, Hecken schneiden? Oder bauen Sie an Ihrem Haus herum?

- ☐ Den Restalltag bewege ich mich überdurchschnittlich viel
- ☐ mittelmäßig viel
- ☐ wenig
- ☐ praktisch überhaupt nicht

Wie zufrieden sind Sie selbst mit Ihrer Analyse? Ziemlich sicher haben Sie auch ohne diesen „Test" gewusst, wie viel oder wie wenig Sie sich bewegen. Wenn Sie als Diabetiker sich in allen „vier Lebenszeiten" wenig bewegen und pro Woche nicht zumindest 1000 Kcal durch körperliche Aktivität verbrauchen, dann ist es Zeit, sich auf die Suche zu machen, wo und wie Sie Bewegungspunkte sammeln können. Lassen Sie sich durch die unglaublichen Wirkungen von Bewegung motivieren, und steigen Sie in die Positivspirale ein.

Diabetes-Fit.
Bewegung hilft!

Bewegende Beispiele aus der Praxis

Unglaublich

„Das Einzige, was mir hilft, ist Bewegung." „Bewegung ist die beste Therapie." „Wunderpille Sport." Sind diese gehörten und gelesene Sätze nur Lobhudelei oder ist Bewegung wirklich so ein vielseitiges Medikament? In diesem Kapitel sollen Skeptiker nun restlos überzeugt werden. Die wissenschaftliche Datenlage dazu ist eindeutig, und die Trainingspraxis hat mich schon längst überzeugt.

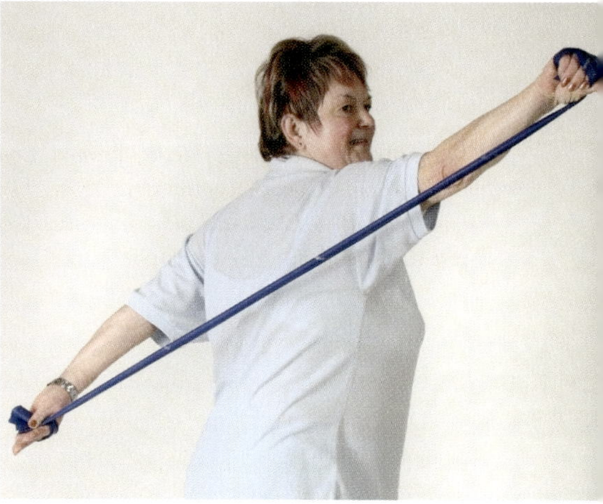

Jungbrunnen

„100 Jahre gehen sich aus." Auf die Frage, warum er das glaube, erzählte mir ein Kursteilnehmer Folgendes.

„Ich habe in den letzten 20 Jahren gesehen, dass das Training für mich tatsächlich ein Jungbrunnen ist. Nachdem ich ein Leben lang nur gearbeitet habe, wollte ich in meiner Pension gezielt etwas für mich tun. Schließlich habe ich ja ein Recht darauf, meinen Ruhestand lange und ordentlich zu genießen. Durch Zufall stieß ich in meiner Tageszeitung auf ihren Kurs. Jetzt bin ich 86 Jahre und schon so lange dabei. 110 Jahre alt zu werden wäre übertrieben. Daher sage ich: 100 gehen sich aus."

Lebensoptimismus, eine klare Perspektive und Disziplin tragen diesen Kursteilnehmer Jahr für Jahr fit durchs Leben. Warum soll man davon nicht lernen können?

Mut

Eine 63-jährige Frau, knapp nach der Pensionierung, erkundigte sich telefonisch über unsere Bewegungskurse. Sie klang ängstlich, kam aber am nächsten Tag tatsächlich zum vereinbarten Termin, um ihre Situation persönlich zu besprechen. Dabei stellte sich heraus, dass sie noch nie auf einem Rad gesessen sei und sie daher nicht wisse, ob sie überhaupt den Eingangstest absolvieren könne. Das forderte mich heraus. Ihre Füße in den Schlaufen der Kurbeln des Fahrradergometers, führte ich ihre Tretbewegungen zweimal eine Minute lang. Wir vereinbarten einen weiteren Termin, um sicherzugehen, dass der vorgesehene Test nicht an der Trettechnik scheitern würde. Und siehe da: Vielleicht ganze fünf Minuten geführtes Treten am Fahrradergometer veränderten das Leben dieser Frau. Sie besuchte 13 Jahre lang unseren Trainingskurs und fand dort neue Freunde.

Zu jeder Veränderung gehört Mut. Wer sich im Kopf bewegt und seine Angst überwindet, nicht seine Schwächen ignoriert und sich Wissen aneignet, wo – was – wann – wie viel – mit wem – womit man gesund aktiv werden kann, ist einen entscheidenden Schritt weiter. Im wahrsten Sinn des Wortes.

Wohlfühleinheiten

„Für mich sind diese Trainingseinheiten wie Streicheleinheiten. Ich fühle mich danach leichter, und der Zucker geht auch runter. Die Trainingstage kann ich in meinen Aufzeichnungen über die Medikamenteneinnahme ablesen. Ich bleibe dabei, denn mit 51 hatte ich einen Herzinfarkt. Das genügt."

Wenn man in der Krise steckt, werden Lebensprioritäten leichter geändert. Aber für eine nachhaltige Lebensstiländerung muss die Lust des Wohlbefindens dazukommen.

Zeiteinteilung

82-jährig, seit mehr als 30 Jahren Diabetiker und zwanzig Jahre Kursteilnehmer, geht er zweimal die Woche zum Training. Früher musste er alle drei Monate ins Spital zur Kontrolle, jetzt reicht einmal pro Jahr. Sein Geheimnis: „Viele Pensionisten haben keine Zeit fürs Training. Ich nehme sie mir. Alles andere wird danach eingeteilt."

Zeit nehmen, Zeit haben. Wer keine Zeit hat, wird sie im Krankenhaus haben müssen. Gesundheit braucht Zeit.

Reden

Eine Kursteilnehmerin erzählte mir im Vertrauen. „Glauben Sie, dass ich wirklich nur wegen meines Zuckers komme? Ich brauche jemanden zum Reden. Zu Hause fällt mir die Decke auf den Kopf. Wenn ich bei den Zuckermessungen beim Training sehe, wie der Wert runtergeht und ich anschließend das Essen genießen darf, dann schwebe ich wie auf Wolken. Lebensqualität nenn ich das. Nicht vergleichbar mit einem Kaffeetratscherl!"

Sportsfreunde sind gleichgesinnte und unkomplizierte Gesprächspartner – ein entscheidender Gesundheitsbaustein. Wohlbefinden hängt wesentlich von dieser sozialen Einbettung ab. Wenn dann die Bewegung noch dazukommt, wird man „fit fürs Leben".

So vielseitig nützt Bewegung

Unbezahlbar

Gäbe es Bewegung nicht, man müsste sie erfinden. Müsste man sie erfinden, wäre dieses Forschungsprojekt unbezahlbar. So vielfältig sind ihre positiven körperlichen, seelischen und sozialen Wirkungen. Bewegung wirkt vielseitiger auf die Gesundheit als jedes andere Medikament. Gesundheitliche Risikofaktoren werden abgebaut und gleichzeitig Schutzfaktoren aufgebaut. Unzählige Studien belegen diese Effekte seit Jahren.

Gesamtnutzen

Jeder Mensch richtet sein Verhalten auch auf den Gesamtnutzen seiner Aktivitäten aus. Der Lustgewinn durch eine Investition muss größer sein als die vielleicht damit verbundene Unlust. Die Bewegungsaufgabe muss einen Sinn ergeben und bewältigbar erscheinen. Daher ist ein entscheidender Schritt, nicht nur zu wissen, was Bewegung bringen kann, sondern diese Nutzwerte auch einmal zu erleben.[17]

Bei Typ-2-Diabetes und dem metabolischen Syndrom führen sogar schon einmal wöchentlich durchgeführte körperliche Aktivitäten zu einer messbaren Risikoreduktion.[21]

Trainingswirkungen

Die hier aufgelisteten Trainingswirkungen sind wissenschaftlich gesichert und in der Praxis bestätigt. Sie sollen anspornen, den ersten Schritt zu wagen, wie er im Diabetes-Fit-Rezept beschrieben wird.

Um die verschiedenen Trainingswirkungen gezielt nützen zu können, sind aber Kriterien zu erfüllen, die im Kapitel „Diabetes-Fit-Rezept“ zu finden sind.

Herz-Kreislauf

- die Herzfrequenz in Ruhe und bei Belastung sinkt
- die Leistungsfähigkeit des Herz-Kreislauf-Systems steigt
- der Sauerstoffverbrauch des Herzmuskels sinkt
- verbesserte Blutgefäßversorgung des Herzmuskels
- erhöhter Blutdruck sinkt
- ernsthafte Rhythmusstörungen nehmen ab
- die Fließeigenschaften des Blutes werden günstiger
- die Anzahl der kleinen Blutgefäße steigt (Kapillardichte)
- gesteigerte Gehirndurchblutung
- verbesserte arterielle und venöse Durchblutung
- die arteriosklerotischen Prozesse werden verzögert oder sogar rückgebildet.

Das trainierte Herz schlägt pro Jahr über zehn Millionen Schläge weniger oft als das untrainierte Herz. Die Summe der Wirkungen ergeben entscheidende Beiträge zur Vorbeugung der „Arterienverkalkung“ (Arteriosklerose). Damit sinkt das Risiko für Herzinfarkt, Schlaganfall und periphere Verschlusskrankheit (Schaufensterkrankheit). Jüngste Forschungsergebnisse weisen sogar die Rückbildung der Arterienverkalkung nach.[12]

Eine Studie an 2803 männlichen Typ-2-Diabetikern zeigte eine Risikoreduktion für eine koronare Herzkrankheit um 33

Prozent, und die Todesrate wurde um 40 Prozent gesenkt.[18] Besteht bereits eine koronare Herzkrankheit, die häufigste Spätkomplikation des Diabetes, konnten durch Training spektakuläre Ergebnisse erzielt werden.

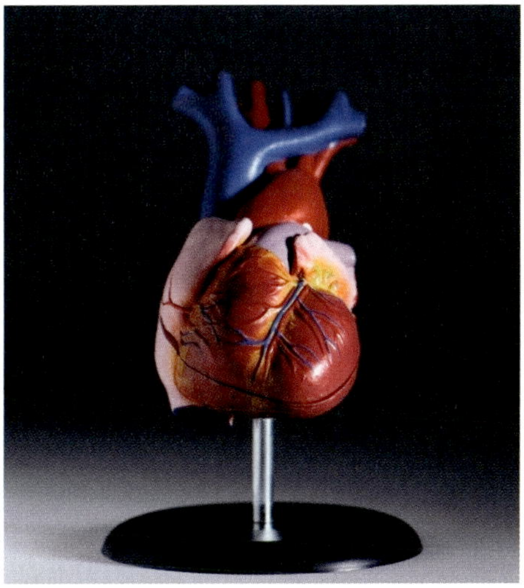

101 männliche, durchschnittlich 61-jährige Personen mit stabiler Angina pectoris und über 75 prozentiger Einengung an mindestens einem Herzkranzgefäß (Koronarsklerose) absolvierten entweder ein Ausdauertraining mit begleitender Medikation oder es wurde eine kardiologische Maximaltherapie mit einer Erweiterung des Herzkranzgefäßes mit Stentversorgung und medikamentöser Nachsorge durchgeführt.

Das Training bestand zuhause – nach dem zweiwöchigen Klinikaufenthalt, bei dem täglich sechs mal zehn Minuten ein EKG-kontrolliertes Ergometertraining absolviert wurde – aus einem 20-minütigen Ausdauertraining auf Fahrradergometern mit 70 Prozent der Maximalherzfrequenz an mindestens sechs Tagen pro Woche. Zusätzlich wurde einmal pro Woche einstündig ein Gruppentraining durchgeführt. Jeder der Trainierenden bekam ein Ergometer für das Heimtraining.

Die Ergebnisse nach einem Jahr:

	Trainierende	Operierte
Körperliche Leistungsfähigkeit	+ 20 %	unverändert
Fortschreiten der Koronarsklerose	bei 32 %	bei 45 %
Klinische Komplikationen hatten	12 %	30 %
Kosten pro Patient	3708 €	6086 €

Die Trainingsmaßnahme zeigte gegenüber dem High-Tech-Eingriff unübersehbare Vorteile in allen Belangen. Die Kosten des Trainings waren um 40 Prozent geringer![10]

Atmung

- das Lungenvolumen steigt
- erhöhte maximale Sauerstoffaufnahme
- verbesserte Sauerstoffversorgung bei reduzierter Atmungsarbeit
- Risiko für Erkältungskrankheiten sinkt

Stoffwechsel

- erhöhte Triglyceride sinken
- das „böse“ LDL-Cholesterin sinkt
- das „gute“ HDL-Cholesterin steigt
- erhöhter Energieverbrauch in Ruhe
- verbesserte Fettverbrennung
- die Appetit- und Gewichtsregulation wird unterstützt (Fettabbau)
- gesteigerte Insulinempfindlichkeit, verbesserte Insulinwirkung
- geringere Insulinausschüttung
- verminderter Insulinbedarf
- verbesserte Glukosetoleranz
- der Langzeitzuckerwert (HbA1c) sinkt um durchschnittlich zehn bis zwanzig Prozent
- verbesserter Ausscheidungsstoffwechsel (Kochsalz)
- erhöhte Harnsäure sinkt

Blutzucker bei Ingeborg K. vor und nach 75 Minuten Training

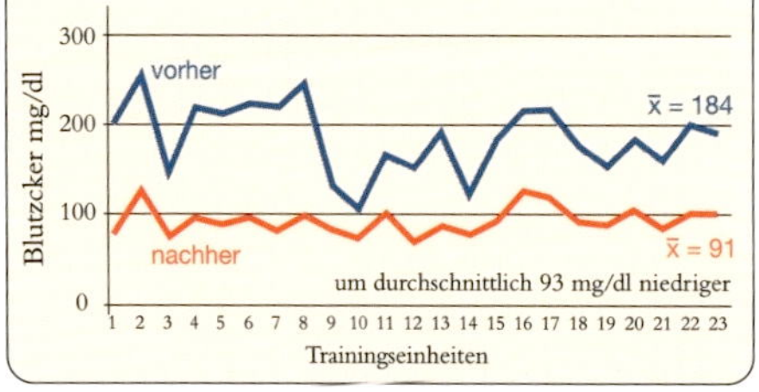

Wie eindrucksvoll 3 x 45 Minuten Ausdauertraining pro Woche auf Typ-2-Diabetiker mit einem BMI > 30 innerhalb von zwei Monaten wirken kann, belegen folgende Zahlen: Abnahme des HbA1c von 8,5 auf 6,2; Zunahme der Insulinempfindlichkeit um 46 Prozent; Abnahme des Bauchfetts um 48 Prozent.[38]

Bewegung spart Insulin

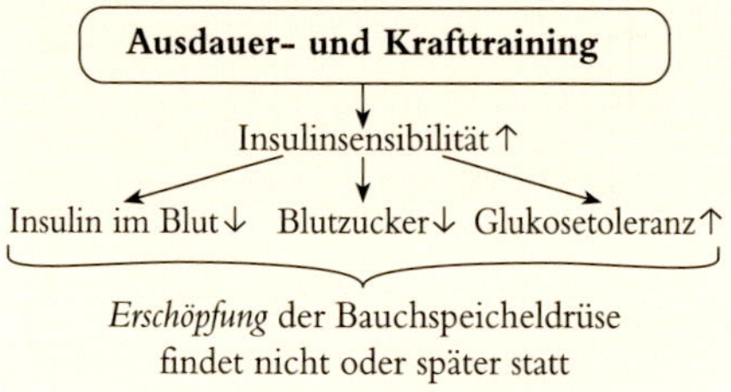

Nutzen von Diabetes-Fit-Training

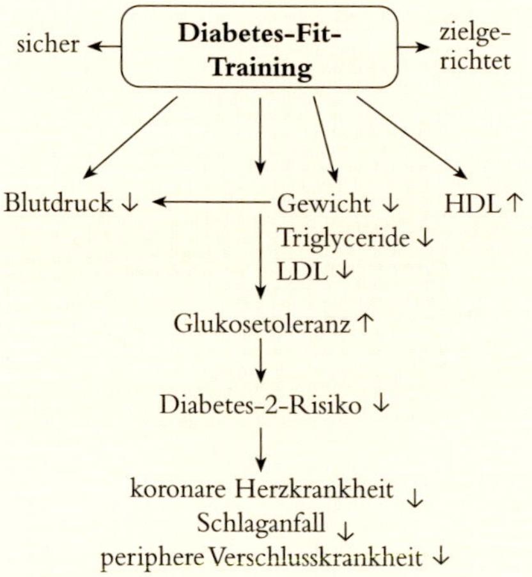

Blutzucker bei Andrea S. vor und nach 75 Minuten Training

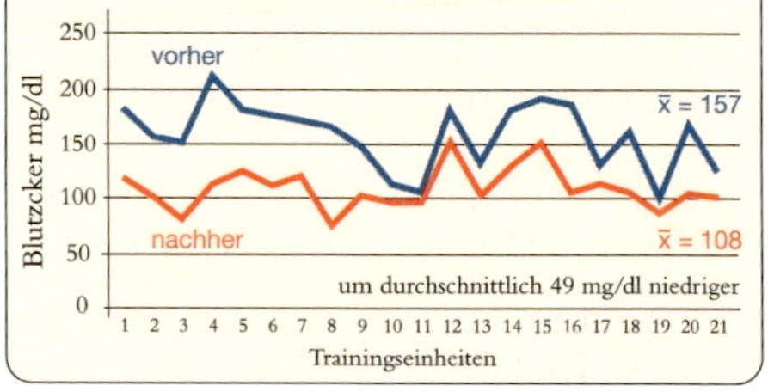

Verdauung

- geringeres Gallensteinrisiko
- verbesserte Darmpassage

Bewegungsapparat

- die Muskelmasse und Insulinrezeptordichte nimmt zu
- verbesserte Stützfunktion der Muskulatur
- die Energiespeicher (Glykogen) in der Muskelzelle steigen
- verbesserte Insulinempfindlichkeit der Muskelzelle
- höhere Knochendichte, geringeres Osteoporoserisiko
- verbesserte Beweglichkeit, Kraft, Koordinationsfähigkeit (Sturzprophylaxe)
- erhöhte Belastbarkeit der Gelenke, Sehnen und Bänder

Durch die Summe der Wirkungen auf den Bewegungsapparat wird Rückenproblemen und Überlastungsschäden (Arthrosen) vorgebeugt.

Nervensystem

- verbesserte Erholungsfähigkeit
- gesteigerte Schlafqualität
- weniger Kopfschmerzen und Wetterfühligkeit
- gesteigerte Aufmerksamkeit und Lernfähigkeit
- verbesserter Stressabbau
- gesteigerte Stresstoleranz und Frustrationstoleranz

Immunsystem

- erhöhte Widerstandskraft gegen Infektionskrankheiten
- geringeres Risiko für manche Krebsformen (Brust-, Darmkrebs)

Hormonsystem

- gesteigerte Insulinwirksamkeit
- verringerte Ausschüttung von Stresshormonen

Seelischer Nutzen

- eine höhere Selbstwirksamkeit
- gesteigertes Selbstwertgefühl
- mehr Selbstvertrauen
- besseres Körperselbstbild
- weniger Spannungen und Ängste
- positivere Stimmungslage

Kognitiver Nutzen

- erlangt mehr Wissen über richtiges Trainingsverhalten
- hat mehr Wissen über die Trainingseffekte
- hat realistischere Konsequenzerwartungen
- schreibt dem Training einen höheren Sinn zu

Sozialer Nutzen

- neue Freunde, neue Kontakte und Gesprächspartner
- erhalten der Mobilität und Selbstständigkeit im Alter

Gesamt

- erhöhte Leistungsfähigkeit (Ausdauer, Kraft, Beweglichkeit, Koordination)
- verbesserte Erholungsfähigkeit
- verzögerte Alterungsprozesse
- geringere Krankheitsanfälligkeit
- verbessertes Wohlbefinden
- höhere Lebensqualität
- höhere Lebenserwartung

Diese vielen körperlichen, seelischen und sozialen Wirkungen ergeben eine gesteigerte Leistungs-, Erholungs- und Kontaktfähigkeit. Gesundheit, Fitness und Wohlbefinden sind der Lohn, gezielter und regelmäßiger „Bewegungsinvestitionen". Sie sind durch keine andere Maßnahme ersetzbar! Die aktiven Schritte beeinflussen entscheidend die Lebensqualität und Lebenserwartung. Beweger haben mehr „Kraft fürs Leben". Das gilt natürlich auch für den Diabetiker!

Ein starkes Beispiel zum Abschluss

Dass körperliche Aktivität bei Übergewichtigen das Sterblichkeitsrisiko senkt, zeigt folgende Untersuchung eindrucksvoll. 1976 wurde mit 116.564 Frauen (!) im Alter von 30 bis 55 Jahren eine 24 Jahre dauernde Langzeitstudie begonnen. Herausragendes Ergebnis:

Bewegung konnte zwar die negative Wirkung von starkem Übergewicht nicht ganz aufheben, dennoch senkte Bewegung als Einzelfaktor, das Risiko an einer Herz-Kreislauf-Erkrankung zu sterben.

Schlanke Frauen mit BMI < 25 und mit mehr als 3,5 Stunden Sport pro Woche: Sterblichkeitsrisiko = 1

Schlanke Frauen mit BMI < 25 und inaktiv: Sterblichkeitsrisiko = 1,55

Starke Frauen mit BMI > 30 und mit mehr als 3,5 Stunden Sport pro Woche: Sterblichkeitsrisiko = 1,91

Starke Frauen mit BMI > 30 und inaktiv: Sterblichkeitsrisiko = 2,42

Der Schluss daraus: Wenn schon Übergewicht nicht zu vermeiden ist, weil zum Beispiel eine starke Veranlagung vorliegt, dann ist körperliche Aktivität eine Art Schutzschild, um das Sterblichkeitsrisiko erheblich zu mindern.[13]

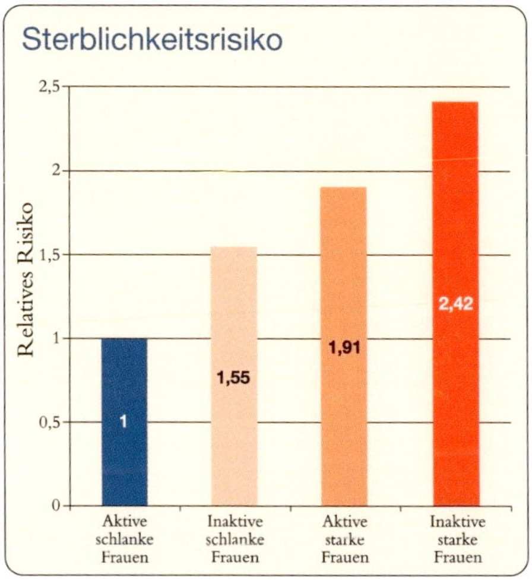

Einstieg in die Positivspirale

Starten

Bisher haben wir uns direkt oder indirekt mit der Frage „Warum Bewegung für Diabetiker?“ auseinander gesetzt. Denn: Ohne Motivation ist alles nichts! Über Bewegungsbarrieren, die Chancen der Bewegung im Allgemeinen und bei Diabetes mellitus im Speziellen wissen Sie jetzt schon eine Menge. Sie kennen jetzt, was Sie gewinnen werden. Ich glaube, dass das Schicksal einem sehr übel mitspielen kann. Aber deswegen alles dem Schicksal und der Veranlagung zu überlassen, kann doch nicht das Ziel des Lebens sein.

Steigen Sie daher nun in die Positivspirale für Ihre Fitness- und Gesundheitskarriere ein. Tun Sie jetzt das, wovon ich Sie hoffentlich restlos überzeugen konnte – Ihr Diabetes-Fit-Training zu starten, wie es in den folgenden Kapiteln beschrieben wird.

Bewegungslust

Um auf Nummer sicher zu gehen, noch ein wichtiger Hinweis für die unmittelbare Startvorbereitung. Wer im weitesten Sinne Lust bei und nach der Bewegung empfindet, wird positiv darauf eingestimmt. Er wird sie wieder erleben wollen.

Das Schwierige dabei ist, sich diese Bewegungslust einmal zu verschaffen. Daher sind die ersten Schritte für jede Fitness- und Gesundheitskarriere so entscheidend. Folgen den ängstlichen ersten Schritten positive Erlebnisse, wird das Selbstvertrauen steigen. Die Schritte werden im wahrsten Sinne des Wortes lockerer werden, und es läuft leichter. Und weil es immer leichter läuft, macht es noch mehr Spaß. So beginnt sich eine Positivspirale zu drehen, die für manche nicht in den kühnsten Träumen auszudenken gewesen wäre.

Weitergehen

Gehen Sie nach dem Einstieg in die Positivspirale weiter. Schritt für Schritt. Bleiben Sie nicht stehen.

- Seien Sie sich bewusst, dass Diabetes eine heimtückische Krankheit ist – erhöhter Blutzucker schmerzt nicht!
- Rufen Sie sich öfters die vielen Nutzwerte Ihrer Aktivität ins Gedächtnis. Mit Bewegung können Sie Ihre Gesundheit enorm positiv beeinflussen.
- Sie können darauf vertrauen, dass Sie Ihre Bewegungsaufgabe erfolgreich bewältigen werden.
- Lassen Sie sich Zeit. Verlangen Sie nur Regelmäßigkeit von sich.
- Programmieren Sie sich positiv. Spielen Sie vor dem Einschlafen positive Bewegungsergebnisse immer wieder gedanklich durch.
- Behalten Sie Ihren Trainingsrhythmus bei, außer es gibt gesundheitliche Vorbehalte.
- Glauben Sie nicht nach dem ersten Mal, es bereits geschafft zu haben. Die „Heute nicht-" und „Morgen-fang-ich-wieder-an-Falle" wartet!
- Kalkulieren Sie Tiefschläge ein und machen Sie weiter.
- Lassen Sie Ihr Bewegungstraining zur Gewohnheit werden. („Über mein Training denke ich eigentlich nicht mehr nach, das ist schon Gewohnheit.")
- Suchen Sie sich verschiedene Bewegungs- und Sportfreunde, von denen Sie dauerhafte Unterstützung erwarten können.
- Wenn Sie keine Gruppe finden, dann gründen Sie doch selbst eine!

Die Positivspirale

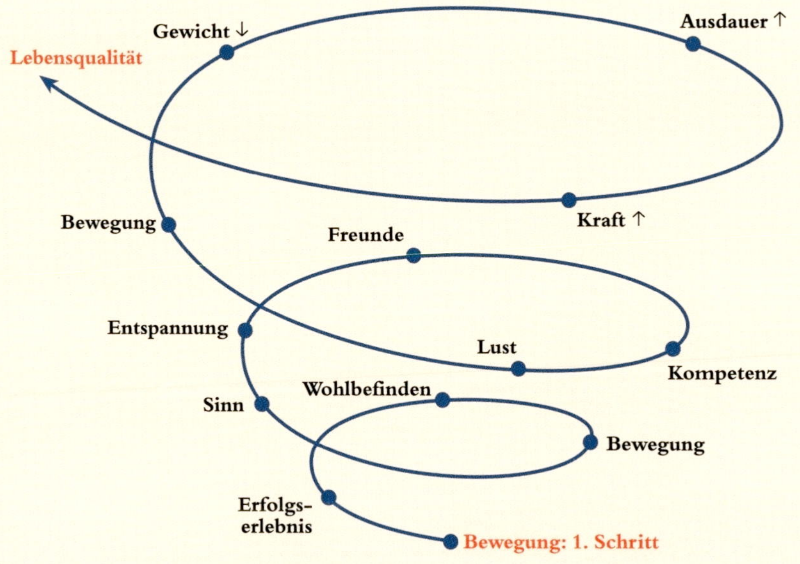

Aktive Diabetiker sind Vorbilder

Vor ihrem Trainingsbeginn noch drei spezielle Beispiele. Sie zeigen, wie wichtig für Sie Bewegung ist.

Training am Gerät

Aurelia Lammer

Aurelia Lammer hat multiple Sklerose (MS). Obwohl sie sich selbst nicht mehr bewegen kann, schwört sie auf Bewegung. Wie das?

1942 geboren, bekam Sie 43-jährig ihre Diagnose. Einige Jahre konnte sich niemand erklären, woher die Beschwerden in den Beinen und Armen herrührten, aber dann war klar, dass sie eine der rund 2500 MS-Patienten in Österreich sein sollte.

Zehn Jahre später ist sie an den Rollstuhl gefesselt. Sie spürt alles, aktives Bewegen ist ihr aber unmöglich. Ihre Muskeln sind dünn geworden.

Nach weiteren drei Jahren wird Altersdiabetes festgestellt. Sie nimmt Medikamente und spritzt dazu Insulin.

Zum Zeitpunkt des Gesprächs mit mir kann sie nur mehr ihren Kopf und die Schultern bewegen! Sie redet aber dennoch über ihre Lebensgeschichte, damit andere erfahren, wie ihr Bewegung hilft.

Durch die völlige Immobilität wurde es immer wichtiger, die Gelenke durchzubewegen. Nicht nur wegen der Beweglichkeit, sondern auch um die Durchblutung der Arme und Beine anzuregen. Neben der einmaligen Physiotherapie pro Woche organisierte sie sich auf Anraten ihres Orthopädiefachhändlers ein Trainingsgerät, das ihre Arme und Beine passiv bewegt. Dabei kann sie – je nach Tagesverfassung – aktiven Widerstand leisten und so ihre Muskeln vorsichtig trainieren und den Kreislauf anregen. „Am Anfang habe ich geschwitzt. Heute strengt es mich nicht mehr an.“

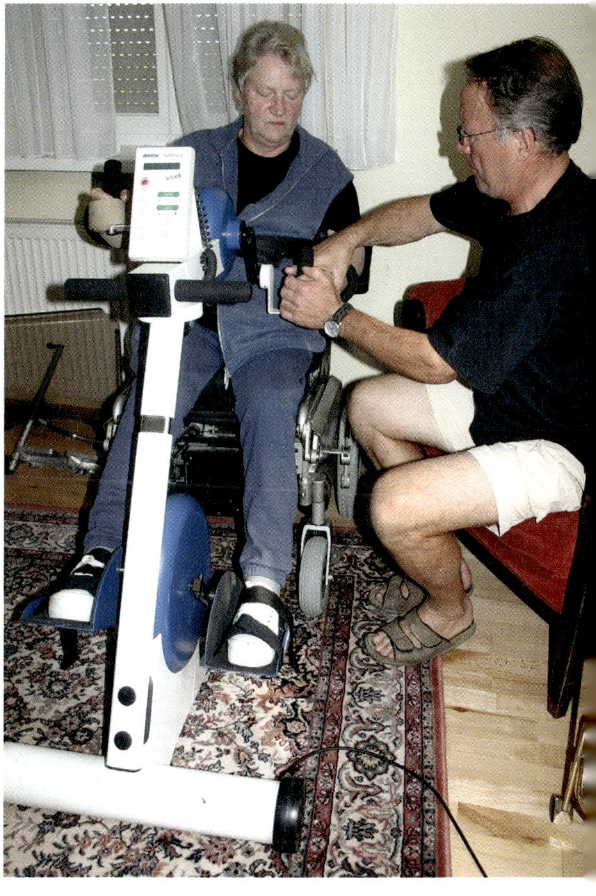

Auf diese Art trainiert sie zu Hause täglich zwei Stunden. „Ich bin darauf fast so süchtig wie ein Radfahrer, der täglich seine Kilometer auf der Straße abspult." Dabei beschäftigt sie sich entweder mit Hörbüchern oder sieht sich das Fernsehprogramm an. „Es tut mir gut, zwei Stunden etwas Sinnvolles zu tun. Außerdem sind die Zuckerwerte deutlich besser geworden."

Daher spritzt sie rund ein Viertel weniger Insulineinheiten. Auch die Verdauung ist besser. Die Füße sind in Ordnung, keine offenen Stellen vorhanden.

Ihr Hausarzt, der sie einmal wöchentlich besucht, unterstützt sie in ihren Aktivitäten und managt die Zuckereinstellung. Wenn es ihr wichtig erscheint, lässt sie aber ihre Zuckerwerte auch von ihrem Ehemann mit einem Selbstmessgerät abklären. Das gibt Sicherheit.

Für Aurelia Lammer steht eines fest: „Es wäre sehr wichtig, Bewegung viel mehr unter die Leute zu bringen, vor allem zu denen, die sie dringend brauchen. Aber offensichtlich ist man noch nicht so weit zu erkennen, wie leicht man Schlimmes verhindern könnte." Und damit meint sie wohl zum Beispiel Fuß- und Beinamputationen.

Woher ihr positiver Zugang zur Bewegung kommt?

„Bewegung war für mich immer wichtig. Ob Bergwanderungen mit meinem Mann oder die Leichtathletik und Handball in der Kindheit. Ich war immer aktiv." Daher findet sie heute vielleicht gelassener als so manch anderer, dass zwei Stunden Training pro Tag eigentlich gar nichts seien. „Ich hab ja genug Zeit. Soll ich nur herumsitzen?"

Wenn sie daher aufgrund eines Spitalaufenthalts einmal eine Woche Pause machen muss, freut sie sich schon wieder sehr auf ihr Training. Aus gutem Grund, wenn man diese Erfolgsstory liest, die einmal mehr zeigt: Leben ist bewegen, bewegen ist Leben. Aber damit sie sich bewegen kann, müssen sich auch andere bewegen. Ihre Familie, die dem Training besonders positiv gegenübersteht, ermöglicht es täglich.

Anmerkung

Dieses Beispiel zeigt, dass – bei entsprechender Veranlagung – der Typ-2-Diabetes möglicherweise durch den massiven Muskelschwund ausgelöst wurde. Da die Muskulatur das „Hauptverbraucherorgan" von Glukose ist, erscheint diese Annahme plausibel. Die logische Präventionsmaßnahme ist daher – vor allem bei einer chronischen Erkrankung, die Bewegungsmangel geradezu provoziert –, die Muskelmasse so lange wie möglich systematisch zu erhalten. Damit sind auch viele andere gesundheitliche Vorteile und Beiträge zur Lebensqualität verbunden.

➔ Diabetes ohne Sport bedeutet Selbstaufgabe

Erich Karlseder

Erich Karlseder, 62 Jahre, als Pensionist aktiver denn je, ist seit 30 Jahren Typ-1-Diabetiker. Er spielt Tennis, Golf und trainiert fast täglich am Fahrradergometer – und weiß, warum er das so konsequent tut. Der Selbsthilfegruppe „Aktive Diabetiker Himberg" steht er vor und versucht seine positiven Bewegungserfahrungen auch als Kommunalpolitiker den Gemeindebürgern zu vermitteln.

Mit 31 Jahren macht sich sein Handicap mit plötzlichem Gewichtsverlust, ausgeprägtem Durstgefühl und Schwindel bemerkbar. Ein Arzt diagnostiziert daraufhin Typ-1-Diabetes. Der Labor-Nüchternzuckerwert lag damals bei 350 mg%. Seine größte Sorge lautete: „Werde ich je wieder Fußball spielen können?" Die Zuckerkrankheit belastet ihn in dieser Zeit seelisch sehr und wird zunächst auch nicht richtig behandelt. Es folgen die Diabetes-Schulung im Krankenhaus Lainz bei Professor Irsigler und danach eine „Zucker-Einstellung", die Erich Karlseder als optimal bezeichnet. Neben dem „Zucker" werden Blutdruck, Nieren, Augen und Füße ständig kontrolliert.

1997 kommt dann die Ausbildung zum NIS-Patienten. Dabei wird mit häufigen Blutzuckermessungen und einer darauf abgestimmten Nahrungsaufnahme sowie Gabe von Langzeit- und Kurzzeitinsulinen der Blutzucker reguliert. Seit der NIS-Schulung bewegt sich der HbA1c-Wert zwischen sieben und 7,3. Dreimal konnte er auf eine Unterzuckerung selbst nicht mehr reagieren, ansonsten hat er einen Hypo immer rechtzeitig gespürt. „Traubenzucker

habe ich daher vor allem beim Sport jetzt immer griffbereit und nehme sofort ein Stück, wenn ich das Gefühl habe, dass ein Hypo im Anmarsch sein könnte."

Sportliche Aktivitäten sind für seine Lebensqualität unersetzlich. Deutlicher formuliert: „Ohne körperliche Betätigung gibt sich ein Diabetiker gesundheitlich auf." Fußball spielt er nicht mehr. „Zu verletzungsträchtig", winkt Erich Karlseder ab. Sein neuestes Hobby heißt Golfen, neben seinem Training auf dem Heimfahrrad. Wobei er dabei ausschließlich seinem subjektiven Gefühl in Verbindung mit der Zuckermessung vertraut. „Ich trete gerade so langsam, dass ich mich dabei immer wohlfühle, sicher nicht ins Schnaufen komme, dabei plaudern kann, aber die Durchblutung angekurbelt wird. Pulsmessungen während des Trainings mache ich überhaupt nicht, das stresst mich zu sehr. So halte ich mich vor allem dann fit, wenn ich nicht hinaus kann, wie zum Beispiel im Winter oder bei Schlechtwetter."

Jeden Dienstag und Sonntag steht Tennis mit Sportsfreunden am Terminkalender. „Wir spielen seit vielen Jahren miteinander Tennis, und es waren immer der Spaß und die Freundschaft im Vordergrund."

Sein persönliches Gesundheitsrezept formuliert er so:

- Am allerwichtigsten: eine gute Schulung, Zuckereinstellung und Kontrolle. Völlig falsch ist aus seiner Sicht eine Vogel-Strauß-Politik, weil der Zucker nicht weh tut
- Ständige Selbstkontrolle durch häufige Blutzuckermessungen
- Ausgewogene Ernährung durch die Beachtung der Ernährungspyramide, viel kalorienfreie Flüssigkeit, wenig Alkohol
- Bewegung und Sport sind durch nichts zu ersetzen
- Schutzimpfungen und Vorsorgeuntersuchungen jährlich durchführen lassen
- Interesse an allen Gesundheitsthemen
- Ganz wichtig: Familie, Bekannte und Sportsfreunde sollten für den Notfall über den Diabetes informiert sein
- Mit dem Besuch einer Selbsthilfegruppe bleibt man immer aktuell informiert und kann sich austauschen, was angesichts der ständigen Entwicklungen im Bereich der Diabetiker-Therapie sehr wichtig ist.

Weil sein Blutdruck beim Anblick eines Arztes in die Höhe geht, misst er selbst – und zwar jede vierte Woche täglich dreimal – und rechnet dann seinen Durchschnitt aus. Damit beunruhigen ihn Einmal-Ausrutscher nicht, „gleichzeitig hat er einen wirklichen Einblick über seine Blutdruckverhältnisse“.

Erich Karlseder ist alles andere als ein Fanatiker. Aber ohne Bewegung kann er sich sein Leben nicht vorstellen. Er meint, dass Bewegung und Sport mit Freunden ein Zurückziehen, Abkapseln und Vereinsamen verhindert. Außerdem schleicht sich auch schwerer jener Schlendrian ein, der das Gewicht steigen und die Fitness sinken lässt. Mit einem Wort: kein Tag ohne Sport. Wahrscheinlich hat dieses Diabetes-Fit-Rezept dazu geführt, dass er bisher außer seinem Bluthochdruck noch keine Spätschäden hat.

→ Mein Motor heißt Walter

Brigitta Sch.

„Alle, die in meinen Diabetes-Fit-Kurs gingen, waren so nett. Die gehen mir sehr ab. Aber sobald wir die Freigabe vom Arzt haben, kommen wir sicher wieder.“

Brigitta Sch. ist 63 Jahre und mit ihrem Walter seit 37 Jahren verheiratet. Sie sind ein Herz und eine Seele. „Ohne ihn hätte ich das alles nicht geschafft“, sagt Brigitta. Als gelernter Bilanzbuchhalter ist er zwar kein Arzt, aber was Diabetes-Typ-2 betrifft, weiß er, wovon er spricht. Seine Frau und er sind geschult und haben einen großen Erfahrungsschatz.

Brigittas Typ-2-Diabetes ging eine harte Lebensgeschichte voraus. 1942 mit 2,2 Kilogramm geboren, wird sie mit Schmalzbrot und Mehlspeisen hinaufgefüttert. Als ältestes von vier Kindern muss sie bald Geld verdienen gehen. Außer Rad fahren ist Sport verständlicherweise kein Thema. Ihr Leben besteht aus Arbeit, Arbeit und nochmals Arbeit. Zuletzt tippt sie als Sekretärin in einer Steuerberatungskanzlei unter Zeitdruck den ganzen Tag. Viele Überstunden, keine Freizeit und nur wenige Freundschaften begleiten sie.

Die Folgen

Rund 100 Kilogramm Körpergewicht. Abends sind ihre Beine, wie sie selber sagt, „dicke Stampfer“. Ihre sitzende Berufstätigkeit und Venenprobleme sind die Ursache. „Nur im Urlaub, wenn wir in den Bergen Tageswanderungen unternehmen, sind die Beine dünn.“ 1991 kommt das Out. Ein Beinbruch macht sie arbeitslos.

Nach den langjährigen Venenproblemen tragen sich allmählich ein Schilddrüsentumor, Allergien, hoher Blutdruck, koronare Herz-Krankheit und Typ-2-Diabetes in die Krankengeschichte ein. „Durst hatte ich immer, aber 1997 wurde es extrem."

Bisher hatte sie in 14 Jahren fünfmal offene Beine. Das letzte Geschwür an beiden Beinen dauert trotz Intensivbehandlung 29 Monate lang, bis es wieder halbwegs abheilt. 823-mal Verbandswechsel, 55 Zinkleimverbände, unerträgliche Schmerzen begleiteten diese Lebensphase. Und ständige Bewegung. Das Prinzip, um wieder auf die Beine zu kommen, heißt: „Das schaffen wir." Auszuhalten ist das Ganze nur durch die umfassende Hilfe ihres Mannes, der sein stolzes Wissen aus Fachbüchern, Broschüren, Diabetiker-Schulungen und Gesprächen hat.

Motto: Man lernt überall etwas dazu

Wesentlich ist auch die verständnisvolle und kompetente Hilfe der Ärzte und Bewegungslehrerinnen, ob zu Hause oder bei den Kuraufenthalten.

Das Bewegungsrezept der Familie Sch. sieht so aus: Im Diabetes-Fit-Kurs fanden sie Kontakt zu anderen DiabetikerInnen und lernten unter Anleitung wichtige Trainingsregeln und praktische Übungen, z. B. den Umgang mit der Pulsuhr. Nachdem der Arzt für das Ergometertraining vorübergehend keine Freigabe mehr erteilte („Das hat mich wirklich gekränkt"), aber ein anderer Arzt sanfte Bewegung empfahl, wird eben zu Hause gemeinsam „geturnt": vier- bis fünfmal pro Woche eine Stunde (!) lang. Anstrengend sind die Übungen kaum, nur wenn ich die Stiegen hinaufgehe, bekomme ich keine Luft. Wegen der Augen meidet sie größere Kraftbelastungen. Zusätzlich wird täglich das Haus verlassen und eine weitere Stunde gegangen. „Da muss man sich jeden Tag einen Grund suchen, irgendwo hingehen zu müssen. Und wenn das Wetter wirklich so schlecht ist, dass es nicht geht, dann bewegen wir uns zu Hause." Nach dem Marsch ist der Zuckerwert in der Regel um 50 bis 100 mg% niedriger, gemessen wird vorher und nachher. Manchmal steigt der Zucker, aber das ist selten. „Wenn ich wo länger sitzen muss, bewege ich zumindest die Zehen, denn ich mag das taube Gefühl in den Füßen nicht." Der HbA1c-Wert ist von fast zehn auf 7,3 gesunken, das Gewicht auf 82 Kilogramm. Der Zuckerwert wird dreimal pro Tag gemessen und liegt in der Früh nüchtern zwischen 80 und 100 mg%. Als Resümee zieht Walter Sch. in seiner bescheidenen Art folgende Bilanz:

„Viele Freunde haben die Krankheit nicht verstanden und sich zurückgezogen. Das tut weh. Aber der Zucker ist herunten, und die Beine sind zu. Es geht uns derzeit gut. Und je besser es meiner Frau geht, desto besser geht es natürlich auch mir. Jetzt wollen wir wieder einmal auf Urlaub fahren, der Tapetenwechsel wird uns beiden gut tun."

Das Diabetes-Fit-Rezept

Das Diabetes-Fit-Rezept

Das ideale Diabetes-Fit-Rezept besteht aus sechs erprobten Schritten. Bisher haben wir uns mit Zusammenhängen und Voraussetzungen auseinander gesetzt – vor allem für die Motivation und ein tieferes Verständnis von Diabetes mellitus. Im folgenden Abschnitt finden Sie das Rüstzeug für die Trainingsgestaltung. Schritt für Schritt. Dazu verweise ich gleichzeitig auch auf die Internet-Adresse **www.gesundheitssport.at**. Dort finden Sie immer wieder von mir und anderen Autoren neue Diabetes-Fit-Tipps.

Schritt 1: Ich starte jetzt wirklich

Aktiv werden und bleiben

Gratulation! Wenn Sie motiviert sind, Ihr Diabetes-Fit-Training jetzt wirklich zu starten, dann haben Sie einen entscheidenden Schritt schon hinter sich. Von der inneren Absichtserklärung bis zum tatsächlichen Tun ist es ja bekannterweise oft sehr weit. Sein Trägheitsmoment zu überwinden ist oft verdammt hart.

Die Umwelt macht es einem nicht immer gerade leicht. Wir werden permanent dazu verführt, nicht unsere Muskeln zu gebrauchen. Das Auto, das Motorrad, der Lift, die Rolltreppe, die Maschinen im Haushalt und bei der Arbeit ...

Bleiben Sie also dran, und lassen Sie sich von der Grundsatzentscheidung nicht abbringen. Sie sind am richtigen Weg, wenn Sie jetzt starten. Haben Sie mehr als einmal die vielfältigen Nutzwerte des Diabetes-Fit-Trainings wirklich erlebt, bin ich überzeugt, dass Sie regelmäßig aktiv bleiben! Nutzen Sie die Tipps aus dem Kapitel „Einstieg in die Positivspirale".

Regelmäßig mäßig

Verlangen Sie allerdings auch nicht zu viel von sich selbst. Ein einmaliger Trainingsentfall soll kein Problem sein. Geraten Sie aber nur nicht in die „Morgen-fange-ich-wieder-an-Falle".

Meiner Erfahrung nach ist die Regelmäßigkeit des Trainings das wirkliche Geheimnis für einen hohen Trainingsnutzen. Dieser äußert sich letzten Endes in purer Lebensqualität.

Bewegungstraining muss ein fixer Bestandteil des Diabetiker-Lebens sein. Gehen Sie nun die weiteren Schritte des Bewegungsrezepts, und lassen Sie sich nicht locker.

10 Tipps für den ersten Schritt

Überlassen Sie jetzt beim Zusammenstellen und Umsetzen Ihres persönlichen Diabetes-Fit-Rezepts nichts dem Zufall. Hier zehn bewährte Tipps für den ersten Trainingstag.

- Tragen Sie den Starttermin in den Kalender ein.
- Erzählen Sie möglichst vielen anderen den Start Ihres Diabetes-Fit-Trainings. Wer will dann schon kneifen ...?
- Bereiten Sie den Einstieg technisch gut vor, also auf die Ausrüstung, Öffnungszeiten, Zustand der Laufwege, Witterung achten und wenn notwendig sich noch beraten lassen etc.
- Platzieren Sie einen kurzen, positiv formulierten formelhaften Vorsatz gut sichtbar überall dort, wo Sie sicher darüberstolpern (z. B. in den Eiskasten, zum Telefon, zu den Haustürschlüsseln, in die Hosentasche). Der Satz könnte lauten: Fit – Komm mit am ...

- Verabreden Sie sich mit einem zuverlässigen Partner, der Ihnen helfen will und gleiche Ziele hat ...
- Lassen Sie sich vom Sportpartner zwei Stunden vorher anrufen, damit Sie nicht vergessen können.
- Nehmen Sie sich nur sicher bewältigbare Aufgaben vor, damit das Erfolgserlebnis garantiert ist.
- Stellen Sie sich die Bewegungseinheit bildhaft positiv vor.
- Treten Sie sich selber in den Allerwertesten, wenn Sie in der letzten Sekunde kneifen wollen.
- Stellen Sie sich eine positive Belohnung unmittelbar nach dem Training in Aussicht, z. B. das Wohlbefinden, die gute Stimmung, das herrliche Getränk, die Dusche, eine Massage oder ...

Schritt 2: Mein Diabetes-Fit-Coach oder Diabetes-Fit-Workshop

Praxiseinstieg

Gut wäre zum Einstieg ein erfahrener Diabetes-Fit-Coach. Dieser Betreuer begleitet und berät Sie zumindest bei den ersten praktischen Schritten, um typische Einsteigerfehler zu vermeiden. Sie kommen leider häufig vor und führen bei Adipösen bei 35 bis 60 Prozent (!) innerhalb eines Jahres wieder zum Ausstieg. Die Unterstützung betrifft sowohl das Einholen der medizinischen Freigabe als auch die Trainingsorganisation und das Training selbst. Häufig wird zu Beginn viel zu intensiv (hart) trainiert. Der Betreuer sollte die Besonderheiten des Diabetes-Fit-Trainings genau kennen. Der ideale Diabetes-Fit-Coach ist daher selbst Diabetiker, Diabetesberater, spezialisierter Sportlehrer, Sportwissenschaftler und Mediziner. Da dies wohl kaum möglich ist, sollte er zumindest ein Kriterium von den aufgezählten erfüllen und sich mehrjährig mit Diabetes ernsthaft auseinander gesetzt haben.

Sicherheit

Der Diabetes-Fit-Coach muss Sicherheit vermitteln und das Einfühlungsvermögen haben, um Ängste abzubauen. Neben der rein fachlichen und menschlichen Kompetenz verlangt seine Aufgabe große pädagogische Fähigkeiten. Er soll auf Wünsche und Bedürfnisse eingehen und seine Erfahrungen anbieten. Durch die Zusammenarbeit werden systematisch individuelle Erfahrungen gewonnen.

Ausbildung

Hinweise über Ausbildungen zum Diabetes-Fit-Coach finden Sie auf folgender Internetseite: **www.gesundheitssport.at**.

Diabetes-Fit-Workshops

Wenn Sie keinen persönlichen Diabetes-Fit-Coach finden, sind spezielle Diabetes-Fit-Workshops sinnvoll, um sich zusätzlich zu diesem Buch praktisches Rüstzeug für Ihr persönliches Bewegungstraining zu holen. Auch für diese Workshops sind die Termine unter **www.gesundheitssport.at** zu finden.

Diabetes-Fit-Internet

Ist auch die Teilnahme an einem Diabetes-Fit-Workshop nicht möglich, ist noch das Diabetes-Fit-Coaching von ASKÖ-FIT über das Internet eine weitere Chance, persönliche Trainingsinformationen zu erhalten.

Dieser Weg sollte aber tatsächlich nur dann zur Anwendung kommen, wenn ansonsten keine andere Form des direkten Informationsaustausches möglich ist.

Der Vorteil des Internet-Coachings: Zeit- und Ortsunabhängigkeit. Die Nachteile: Keine persönliche Kontaktnahme, mühsamer Informationsaustausch, eventuelle Zeitverzögerungen bei der Bearbeitung. Die Kontaktnahme erfolgt auch hier über **www.gesundheitssport.at**.

✖ Schritt 3: Das JA vom Arzt

Trainingsfreigabe

Vor Aufnahme eines Diabetes-Fit-Programms steht grundsätzlich die ärztliche Trainingsfreigabe, wenn es über Spaziergänge hinausgeht. Diese wird jeder verantwortungsvolle und kompetente Diabetes-Fit-Coach einfordern bzw. dabei behilflich sein, eine solche zu bekommen. Dafür wird eine Belastungsuntersuchung auf dem Fahrradergometer oder seltener auf dem Laufband (= Ergometrie) durchgeführt, um nicht nur eventuelle Risiken für das Training auszuschließen, sondern auch konkrete Hinweise für die Trainingsdosierung zu bekommen.

Diese Ergometrie gibt dem Arzt eine erste ganzheitliche Einschätzung der IST-Situation des Herz-Kreislauf-Systems. Zu den angesprochenen Risiken gehören zum Beispiel Bluthochdruck, Herzrhythmusstörungen oder krankhafte Veränderungen der Herzdurchblutung. Beim Diabetiker kommt es manchmal zu einer so genannten „stummen Ischämie". Dies ist eine Störung der Durchblutung des Herzens, ohne dass der Betroffene etwas spürt, was naheliegenderweise äußerst problematisch ist. Besonders bei Vorliegen eines langjährigen „Metabolischen Syndroms" – also Typ-2-Diabetes, Bluthochdruck, Fettstoffwechselstörungen und Übergewicht – ist das Risiko eines Herz-Kreislauf-Zwischenfalls beim Training wesentlich höher als beim Nicht-Diabetiker. Die ärztliche Trainingsfreigabe ist daher ein absolutes Muss.

Richtige Belastung

Durch den ärztlichen Check wird es auch möglich, Ihr Training individueller zu gestalten. Die richtige Belastungsintensität – also wie langsam man unterwegs sein soll, um gute Wirkungen zu erzielen – wird durch dieses objektive Verfahren ermittelt. In die Praxis wird diese dann durch die Pulsmessung, Blutzuckermessung und Watt-Einstellung, Atemfrequenz sowie subjektive Belastungseinschätzung gesteuert. Dazu aber noch ausführlicher später.

Trainingserfolg

Durch die Beobachtung der Testergebnisse über die Jahre entsteht eine persönliche „Verlaufskontrolle". Schwarz auf weiß sieht man so den Erfolg, und die Motivation bekommt jedes Mal neue Impulse, um seine Fitness und Lebensqualität zu halten. Durch den Vergleich mit den Normwerten von Gleichaltrigen des gleichen Geschlechts ist sogar eine objektive Einschätzung der eigenen Fitness-Situation im Alternsgang möglich.

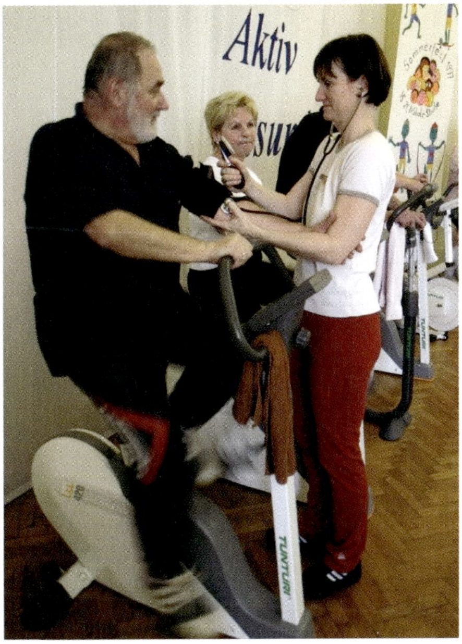

Welcher Arzt?

Am besten sollte die Belastungsuntersuchung durch Ihren persönlichen Internisten oder Kardiologen durchgeführt werden. Er kennt Sie und kann bei der Veränderung von Medikamenten Ihre Situation am besten bewerten. Die Erfahrung lehrt dazu aber auch, dass manche Ärzte erstens von Bewegung nicht viel halten und zweitens die Trainingsfreigabe – wie wir sie empfehlen – nicht, nachvollziehbar oder unvollständig ausfüllen. Über die Gründe dafür kann man spekulieren. Die restlichen Befunde geben in der Regel nicht an, ob Trainingstauglichkeit vorliegt und mit welcher Herzfrequenz (Intensität) das Ausdauertraining absolviert werden soll.

Sportmediziner hingegen beherrschen natürlich Ergometrie und Trainingsempfehlung. Allerdings gibt es danach manchmal erhebliche Meinungsdifferenzen zum behandelnden Arzt, insbesondere was die Medikamente betrifft, sodass der Patient zwischen zwei Stühlen zu sitzen kommt. Es ist daher ratsam, seinem Arzt vor der Anmeldung zur Ergometrie die eigenen Wünsche darzulegen. Dann gibt es keine Missverständnisse auf beiden Seiten, und das Arzt-Patienten-Verhältnis bleibt ungetrübt. Übrigens: Die neueste Version unseres Trainingsfreigabeblattes finden Sie unter **www.gesundheitssport.at**

Weitere Checks

Das medizinische Okay sollte auch unbedingt den Zustand der Augen, Füße, Nieren und Nerven (Haut und Sensibilität) berücksichtigen. Wer Probleme mit den Augen hat, dem ist von einem fordernden Krafttraining sicher abzuraten. Der Augenarzt wird dazu die entsprechende Empfehlung geben. Blasenbildung durch ungeeignete Schuhe oder Socken und/oder schlechte Hautpflege kann zu ernsthaften Folgen wie offenen Wunden an den Füßen führen. Die diabetisch verursachte reduzierte Schmerzempfindlichkeit kann sehr ernste Probleme aufwerfen.

Über die Bewegungsaktivitäten muss auf alle Fälle auch jener Arzt Bescheid wissen, der die Diabetes-Therapie durchführt, um seine Maßnahmen darauf abstimmen zu können.

✖ Schritt 4: Diabetes-Fit-Tagebuch

Im Diabetes-Fit-Tagebuch werden die für Ihre persönliche Bewegungskarriere wichtigsten Daten festgehalten. Nur dadurch ist es möglich, wertvolle Erfahrungen im Gespräch mit dem Arzt oder Diabetes-Fit-Coach auszutauschen und die richtigen Schlüsse daraus zu ziehen. Keine Sorge, das muss nicht sehr aufwändig sein. Auf alle Fälle sollten die Aufzeichnungen folgende Daten enthalten:

- Tag und Uhrzeit des Trainings
- die Bewegungsform(en)
- die Dauer
- die Intensität (z. B. Herzfrequenz)
- die Zuckerwerte vor, während und nach dem Training
- das subjektive Belastungsempfinden während des Trainings
- das Befinden vor- und nachher
- die eingenommenen Medikamente und ihre Dosierung
- Zeitpunkt und Anzahl der zugeführten Broteinheiten
- das Auftreten von Unterzuckerungsanzeichen.

Schritt 5: Diabetes-Fit-Partner

Hilfe

„Ich weiß, ich war auf Kur und habe dort brav mit den anderen meine Übungen gemacht. Zu Hause bringe ich das nicht zusammen." Oft höre ich in Beratungsgesprächen diesen Satz. Er beweist mir, dass gute Sportsfreunde wirklich unersetzbar sind. Vorausgesetzt die Bewegungsgruppe wird von einem motivierten sympathischen Diabetes-Fit-Übungsleiter didaktisch gut geführt und es entwickeln sich keine Cliquen oder eine unangebrachte Leistungsorientierung.

Diese Gruppe zu suchen oder vielleicht sogar selbst zu gründen ist nicht einfach, aber es lohnt sich. Nachhaltiges Sporttreiben ist mit Partnern einfacher als alleine.

Jeder braucht positive Rückmeldungen und vor allem Lob. Natürlich können auch mehrere Einzelpersonen die Diabetes-Fit-Partner werden, mit denen man gemeinsam aktiv wird. Fit – Komm mit!

Gruppe

Zur guten Führung einer Diabetes-Fit-Gruppe gehört, dass Neulinge besonders herzlich aufgenommen werden. Sie sollen sich willkommen und sicher fühlen. Ein positives soziales Geschehen in der Gruppe bringt dann die Nachhaltigkeit. Besonders die Hilfestellung im Falle einer Unterzuckerung oder andere Komplikationen unterstreicht, dass das Training nicht völlig alleine erfolgen sollte. Menschen in der Nähe, ob in der Familie oder in der Bewegungsgruppe, die sich in erster Hilfe auskennen, geben auf alle Fälle Sicherheit.

Gesprächspartner

Freunde, mit denen man sich versteht und gute Gespräche führen kann, sind – wie auch meine Forschungen zeigen – besonders wichtig für das Wohlbefinden.

Knüpfen von Bekanntschaften

So altmodisch es klingt: Das Knüpfen von Bekanntschaften sollte der Kursleiter besonders unterstützen. Kommt dieses soziale Wohlfühlklima nicht zustande, dann erfolgt in der Regel der Ausstieg des Teilnehmers aus der Gruppe. Leider oft auch der Abbruch des Trainings. Und umgekehrt kenne ich auch Fit-Gruppen, deren Kern 20 Jahre aus den gleichen Menschen besteht.

✖ Schritt 6: Diabetes-Fit-Programm

Im folgenden Abschnitt werden die „Zutaten" für die Zusammenstellung des „Diabetes-Fit-Bewegungsmenüs" dargestellt.

Daraus, wie ein Apotheker, eine tolle persönliche Mixtur zu schaffen ist sicher eine Kunst, aber nicht unmöglich. Training ist für den Diabetiker eine Notwendigkeit, die nicht unbedingt Spaß machen muss, aber natürlich sollte.

Trainingsgesetze

Sportliche Aktivitäten lösen Veränderungen an Körper, Geist und Seele aus, wenn sie gewissen „Naturgesetzen" entsprechen. Diese Trainingsgesetze und Regeln zu verstehen ist daher unumgänglich. Sie weisen der täglichen Motivation und richtigen Entscheidung den Weg.

→ Gesetz der funktionellen Anpassung

Das Gesetz der funktionellen Anpassung besagt, dass sich der Organismus genau in die Richtung anpasst, wie er gefordert wird. Verlangt man vom Muskel Kraft, wird er stärker, um auf eine wiederholte Belastung besser vorbereitet zu sein. Wird das Herz-Kreislauf-System gefordert, passen sich Herz, Lunge, Blutgefäßsystem, Arbeitsmuskulatur und Stoffwechsel an, um Ausdauerbelastungen besser zu tolerieren. Diese Anpassungsvorgänge werden in den vielen Trainingswirkungen sichtbar. Sie sind im Kapitel „So vielseitig nützt Bewegung" zusammengefasst.

Die Anpassung erfolgt natürlich auch in Richtung Bewegungsmangel. Braucht die Muskulatur keine Kraft aufzuwenden (weil die Maschine ihr alles abnimmt), dann wird sie immer schwächer. Wie rasch die Muskelmasse durch eine Ruhigstellung abnimmt, wird meist bei einem Gipsverband ersichtlich. Bereits nach 14 Tagen beginnt er locker zu werden und umschließt nicht mehr fest den eingegipsten Bereich. Nicht der Gipsverband hat nachgegeben, sondern die Muskelmasse hat abgenommen! Studien zeigen, dass die Kraft durch Muskelschwund bei völliger Ruhigstellung in den ersten zwei Wochen um ca. 40 Prozent abnimmt. Durch Immobilisierung kann der Muskelquerschnitt je nach betroffener Muskelgruppe innerhalb von vier Wochen um bis zu 60 Prozent abnehmen.[12] Dabei ist aber gerade die Muskulatur für den Diabetiker von enormer Bedeutung, weil sie für mehr als 80 Prozent des peripheren Glukoseverbrauchs verantwortlich ist.

Reizschwelle

Um eine Anpassung zu einem höheren Leistungsniveau auszulösen, muss der Belastungsreiz eine so genannte Reizschwelle übersteigen, die beim Untrainierten schneller erreicht wird, als man subjektiv glaubt.

Generell gilt, dass

- sehr leichte Reize erholend wirken
- mittlere bis starke Reize aufbauen
- und sehr starke Reize schädigen.

→ Das Prinzip des Mehrausgleichs

Belastungen – sei es das Absolvieren von drei Kilometern in flottem Fußmarsch oder das oftmalige Heben von Gewichten – erzeugen eine innere Reaktion des Körpers. Und auf diese innere Verarbeitung kommt es an. Der Puls wird ansteigen, Zucker wird verbraucht, Fette werden abgebaut, die Kraftwerke in den Zellen arbeiten auf Hochtouren, Energiespeicher in der Muskulatur und Leber werden entleert, die Spannung der belasteten Muskeln steigt. Jeder mittlere bis starke Belastungsreiz senkt daher zunächst das Leistungsniveau und bringt Ermüdung, ist aber gleichzeitig der Auslöser für einen Anpassungsvorgang in der Erholungsphase. Dabei bleibt die Anpassung – wenn der Belastungsreiz richtig war – nicht beim Ausgangsniveau stehen, sondern gleicht überschießend – eben mehr – aus. Daher auch der Name Mehrausgleich.

Um Missverständnissen vorzubeugen: Die Belastung muss subjektiv nicht stark anstrengen, um eine positive Anpassung zu erzeugen. Im Gegenteil, oft wird sie eher als aktivierend oder leicht ermüdend empfunden. Wirksames Ausdauertraining wird als „mäßig leicht" bis „etwas schwer" empfunden. Die tatsächliche Steigerung der Leistungsfähigkeit tritt dann in den späteren Etappen der Erholung ein.

Erholung

Bewegungstraining besteht daher aus Belastung und Erholung im ständigen Wechsel. Ein Leben lang. Für den Diabetiker ist dies besonders wichtig, weil die Zuckerreserven im Muskel und in der Leber diesen Auf- und Abbauprozessen unterworfen sind, aber durch die Krankheit nicht normal ablaufen. Daher empfiehlt es sich, zumindest jeden zweiten bis dritten Tag einen effektiven, moderaten Trainingsreiz zu setzen. Für diese zeitliche Abfolge spricht auch die Insulinempfindlichkeit der Zellen, die durch Bewegung bis zu zwei Tage erhöht ist, je nach Belastungsumfang und Intensität. Diese individuelle spezifische Wirkung ist durch das oftmalige Messen des Blutzuckers herauszufinden. Mehr dazu aber noch später.

Dosis

Generell wird klar, dass gezieltes körperliches Training wie eine „Medizin" dosiert werden kann und soll. Die Dosis bestimmt entscheidend über die Wirkung jeder Bewegungsmaßnahme. Grundsätzlich gilt nicht nur beim Diabetes-Fit-Training die Regel: Mäßig, aber regelmäßig. Aber was heißt mäßig und regelmäßig? Wie oft? Wie lange? Was ist die Minimaldosis? Wie langsam soll welche körperliche Aktivität erfolgen, um einen sicheren Gesundheitsnutzen zu erhalten? Gibt es neben der wichtigen subjektiven Wahrnehmung und Einschätzung zur Belastungssteuerung objektive Kriterien, um eine geeignete innere Reaktion des Organismus zu bewirken? Dazu konkrete Hinweise im Kapitel „Die Diabetes-Fit-Pyramide".

Eines noch zum Abschluss: Die Steigerung der Belastung zur Verbesserung der Leistungsfähigkeit sollte nicht zu schnell erfolgen, um Überforderungszustände vor allem am Bewegungsapparat nicht zu provozieren.

→ Lebenslang-Prinzip

Aus dem dargestellten Prinzip des Mehrausgleichs leitet sich das Lebenslang-Prinzip ab. Zwar sind – auch durch die Jahreszeit bedingt – Schwankungen im Trainingsumfang biologisch sicher sinnvoll, aber grundsätzlich kann Diabetes mellitus durch einen dreimonatigen Trainingskurs nicht auf Dauer repariert werden, wie mancher vielleicht glaubt, wenn er die Frage stellt: „Wie lange dauert so ein Diabetes-Fit-Kurs?" Zur Bewegung ist der Diabetiker ein Leben lang angehalten.

Weitertrainieren

Ein warnendes Fallbeispiel dazu: 69-jährig kommt Günther M. zu uns. Er leidet an koronarer Herzkrankheit, hat einen Bypass und Diabetes-Typ-2. Nach zwei Kurssemestern und einem Kuraufenthalt geht es ihm gut, bei einer Kontrollergometrie bringt er 120 Prozent Leistungsfähigkeit der altersgemäßen Norm. Und begeht dann einen großen Fehler: Anstatt sich zu freuen und motiviert weiterzutrainieren hört er auf. Wahrscheinlich im Glauben, dass er jetzt alles im Griff hätte. Vier Jahre später sucht er uns wieder auf. Seine Leistungsfähigkeit liegt jetzt bei 57 Prozent der Norm, er fühlt sich dauernd müde, hat zwölf Kilogramm abgenommen und massive Rückenbeschwerden dazu. Seine Muskeln sind – wie er selber sagt – schlaff und wahrscheinlich auch Grund seiner Rückenbeschwerden. Die Ärzte raten ihm zu mehr Bewegung. Reumütig bekennt er nun: „Ich war einfach zu faul. Alleine habe ich es zu Hause nicht geschafft."

→ Vom Einfachen zum Komplexen

Kein Meister fällt vom Himmel. Jeder Marathonläufer fängt mit einem ersten Schritt an. Das gilt auch und besonders beim Diabetes-Fit-Training. Ohnehin durch die Krankheit und den damit verbundenen Veränderungen verunsichert, trauen sich viele gar nichts mehr zu. Sie fühlen sich schlicht und einfach überfordert, haben Angst.

Sehr einfach

Mit einem täglich 30-minütigen flotten Spaziergang können am einfachsten einige Auswirkungen von Diabetes in Schach gehalten werden. Die Leitlinien der Österreichischen Diabetes-Ärzte enthalten genau diese Empfehlung.[23] Diesem ersten Schritt könnten und sollten dann weitere folgen, um die positiven Wirkungen körperlicher Aktivität noch gezielter und umfassender zu nutzen. Denn eines ist sicher: Der tägliche Spaziergang verbessert weder die Kraft noch die Beweglichkeit oder die Koordinationsfähigkeit. Aber er ist ein sicherer erster Schritt in die richtige Richtung. Ein komplexeres Training bringt hingegen mehr Nutzwerte und daher auch mehr Lebenslust.

Optimales Diabetes-Fit-Training

Gestalten

Den Sinn und die detaillierten positiven Folgen des Diabetes-Fit-Trainings können Sie sicher schon abschätzen. Das Diabetes-Fit-Training stellt – wenn man es optimal gestalten will – folgende Fragen: Wann soll wer, was, wie, wie viel, mit wem und womit trainieren? Sie finden dazu in den nächsten Kapiteln jene Informationen, die Sie befähigen, für Ihre spezielle Situation eine persönlich optimale Antwort unter den vielen Möglichkeiten zu finden. Sie kennen dann alle Zutaten, um tatsächlich erfolgreich sein zu können.

→ Regelkreismodell

Mit System

Obwohl die Wissenschaft jede Menge Daten und Richtlinien bereitstellt, ist jeder Mensch ein einzigartiges Individuum mit seinen Handikaps und lebt in seinen speziellen Verhältnissen. Individuelle Erfahrungen zu sammeln ist daher besonders wichtig.

Um das Training systematisch zu gestalten, eignet sich auch hier das bereits bekannte Regelkreismodell. Es führt den Trainierenden in einer Positivspirale schrittweise weiter – vom IST-Zustand zum SOLL (= Ziel), über den IST-SOLL-Vergleich zu neuen Maßnahmen.

Individualität und Gruppe

Dieser individuelle und systematische Prozess muss nicht zwangsläufig mit einem

gruppenorientierten Training im Konflikt stehen. Eine positive Gruppendynamik, wie sie in einer Diabetes-Fit-Gruppe eines Sportvereines normalerweise abläuft, gibt einerseits Sicherheit und Abwechslung, andererseits lässt sie das Ich und seine Eigenheiten zu. Der gute Diabetes-Fit-Übungsleiter hat durch den Organisationsrahmen, die verschiedenen Bewegungsformen und Belastungsdosierungen einige Gestaltungsmöglichkeiten, sodass jeder auf seine Rechnung kommt. Und genau dieser Prozess der gegenseitigen Rücksichtnahme macht die zwischenmenschlichen Beziehungen in der Sportgruppe so besonders wertvoll für den Einzelnen.

Fit – Komm mit

Gemeinsam geht es leichter – ein alter Hut und ewig modern. Die Bewegungskiller Ängste und Unwissenheit bekommt man dadurch leichter in den Griff. Mit der Zeit werden Sie nicht nur wegen des Trainings die Fit-Gruppe aufsuchen, sondern weil Sie neue Gesprächspartner gefunden haben, die Sie verstehen und die ähnliche Stärken und Schwächen haben wie Sie. Wie in einer klassischen Selbsthilfegruppe – nur dass man dabei körperlich profitiert und der Erfahrungsaustausch auch die Bewegung betrifft.

Eine wichtige Voraussetzung für diesen individuellen Erfahrungsgewinn ist die oftmalige Kontrolle des Blutzuckers – nämlich vor, nach und anfänglich auch während des Trainings. Aber dazu später mehr.

→ Meine persönlichen Diabetes-Fit-Ziele

Olympia

Es gibt Typ-1-Diabetiker, die eine Spitzensportkarriere bestreiten. Absolute Höchstleistungen wie jene von Gery Hall, der bei den Olympischen Spielen 2004 in Sydney Gold gewonnen und einen Staffelweltrekord geschwommen ist, beweisen, was alles trotz Diabetes möglich ist.

Sportler wie er können mit ihrem Diabetes außergewöhnlich gut umgehen, wenngleich Diabetiker als Spitzensportler sicher nicht alltäglich sind. Aber es soll zumindest auch diese Extremvariante sportlicher Ziele nicht kategorisch ausgeschlossen werden, weil sie für die Persönlichkeitsentwicklung unglaublich viel leisten kann und anderen deutlich vor Augen führt, dass man als Diabetiker trotz allem sehr leistungsfähig sein kann.

Nach einem Schlaganfall bzw. Eingriffen am Herzen – nach einem Herzinfarkt, einer Gefäßdilatation, Stentsetzung oder einem Bypass – scheint es auf alle Fälle nicht mehr angebracht, wettkampfsportliche Ziele zu verfolgen. Trotz eines rehabilitierten Herzinfarkts an einem Marathon teilzunehmen kann wohl für das Ego wichtig sein, bringt aber ein nicht wirklich einschätzbares Risiko mit sich, sodass jeder verantwortungsvolle Coach davon abraten wird.

Gesundheitssport

In der Regel werden die persönlichen Ziele eines Diabetikers – ob Typ-1 oder Typ-2 – natürlich im gesundheitssportlichen Bereich liegen. Sie werden sowohl die Verbesserung der Ausdauer als auch den Erhalt und/oder Aufbau der Muskulatur beabsichtigen. Auch die Beweglichkeit und Geschicklichkeit werden Ziele sein. Liegen bereits erkennbare Vorschäden am Herz-Kreislauf-System vor, sind zumindest die Stabilisation des Zustandes und die Vorbeugung des Fortschreitens der „Blutgefäßverkalkung" anzustreben. Damit ergibt sich das Erhalten einer gewissen Mobilität und Lebensqualität. Jüngste Forschungsergebnisse legen sogar nahe, dass eine gewisse Reduktion der Arteriosklerose durch Training möglich ist.[12]

Die Trainingsziele des Diabetikers hängen maßgeblich auch vom Zustand der Augen, des Bewegungsapparates und insbesondere der Füße ab. Wer durch jahrelanges starkes Übergewicht und eventuelle Fehlstellungen Abnützungen der Knie- und Hüftgelenke aufweist, wird dies bei der Festlegung seiner Ziele berücksichtigen müssen. Der diabetische Fuß, anfällig für Blasenbildung und schlecht heilende Wunden, ist ebenso immer zu bedenken. Durch eine möglicherweise schon vorliegende Nervenschädigung ist oft die Schmerzempfindlichkeit des Fußes gestört. Daher wird eine Blase oder Verletzung manchmal sehr spät entdeckt.

Auf alle Fälle könnte das über allem stehende Ziel eines Diabetes-Fit-Programmes lauten: Bewegung ein Leben lang. Zumindest mäßig, aber regelmäßig, um möglichst lange selbstständig und halbwegs fit zu bleiben.

→ Die Diabetes-Fit-Pyramide

Das Bewegungsmenü für den gesundheitsorientierten Diabetiker sollte – wie bei der Ernährung – nicht einseitig gestaltet werden. Ein komplexes, deswegen aber nicht kompliziertes Bewegungstraining mit den verschiedenen Zutaten ist sinnvoll und zielführend. Wie bei der Ernährungspyramide liegen aber Prioritäten vor, die sich in unserer Diabetes-Fit-Pyramide folgendermaßen zusammenfassen lassen.

Ausdauer

Am wichtigsten erscheint mir nach heutigem Erkenntnisstand das aerobe Ausdauertraining. Die Energiegewinnung im Muskel erfolgt dabei mit Sauerstoff (aerob). Im Zusammenhang mit Diabetes und seinen Folgen liegen dazu die meisten wissenschaftlichen Erkenntnisse vor. Ausdauertraining hat viele gesicherte Wirkungen, die eine Mehrzahl der Gesundheitsrisiken des Diabetikers abbauen oder bremsen.[3]

Gleichzeitig werden Schutzfaktoren aufgebaut, wie z. B. eine Steigerung des „guten" Cholesterins, eine Senkung des Sauerstoffverbrauches im Herzmuskel etc., sodass insgesamt das Risiko einer Herz-Kreislauf-Erkrankung deutlich sinkt.

Kraft

In letzter Zeit ist auch das Krafttraining ein wichtiges Thema für den Typ-2-Diabetiker geworden, da die Muskelzelle bei der Entstehung der Insulinresistenz eine große Rolle spielt.[5] Ab dem 30. Lebensjahr nimmt bei uns in der Normalbevölkerung die Muskelmasse pro Dekade um ca. 10 Prozent ab! Durch gezieltes Krafttraining wird dem Abbau der Muskelmasse und damit auch der Insulinrezeptordichte im Alternsgang vorgebeugt. Bei entsprechender Dosierung kann sogar ein Muskelmassenzuwachs noch nach dem 70. Lebensjahr erreicht werden. Sowohl Ausdauer- als auch Krafttraining sind daher für den Typ-2-Diabetes als eine vielseitig und ursächlich wirksame Präventions- und Therapiemaßnahme einzustufen.[9]

Der Muskel als eines der „zentralen Vollzugsorgane" für Bewegung ist außerdem von entscheidender Bedeutung für die Mobilität, Selbstständigkeit und daher Lebensqualität. Dennoch ist besonders darauf hinzuweisen, dass die Butdrucksteigerungen beim Training ein gewisses Risiko für Herz und Augen des Diabetikers darstellen können, vor allem wenn Vorschäden vorliegen. Im Zweifelsfall ist daher der Arzt zu fragen.

Beweglichkeit

Beweglichkeit in den Gelenken ist eine weitere wichtige Voraussetzung für Bewegung überhaupt. Das Erhalten oder Verbessern der Beweglichkeit wird aber im Training gerne als überflüssig angesehen.

Das alltägliche Bewegungsrepertoir vernachlässigt normalerweise die Beweglichkeit im Bereich der Schulter und Hüfte. Einseitiges Krafttraining führt zu Muskelverkürzungen. Die männliche Muskulatur neigt erfahrungsgemäß eher dazu.

Diabetes-Fit-Pyramide

Ich kenne Diabetes-Fit-Kursteilnehmer, die Schwierigkeiten haben, vom Boden aufzustehen, nicht nur wegen ihres Übergewichts, sondern auch wegen ihrer Unbeweglichkeit. Das macht auf Dauer keinen Spaß. Daher ist es wichtig, auch das Beweglichkeitstraining in das Diabetes-Fit-Programm einzubauen.

Koordinationsfähigkeit

Man versteht darunter das Zusammenspiel des Muskel-Nerv-Apparates für eine zweckmäßige und zielgerichtete Bewegung. Wer bewegungsmäßig „geschickt" auf eine unvorhergesehene Situation reagieren kann, z. B. auf eisigem Untergrund, oder eine Sportarttechnik wirklich beherrscht, weist eine gute Koordinationsfähigkeit/Geschicklichkeit auf und lässt die Bewegung zum Genuss werden. Im Hinblick auf die Vorbeugung von Stürzen ist die Verbesserung der koordinativen Fähigkeiten sicher kein Fehler und macht das Training abwechslungsreicher.

Schnelligkeit

Das Training der Schnelligkeit hat für den Diabetiker keine Bedeutung, im Gegenteil, das Verletzungsrisiko ist hoch. Daher sind auch Spiele mit Wettkampfcharakter nicht anzuraten.

Relatives Risiko für Typ-2-Diabetes[38]

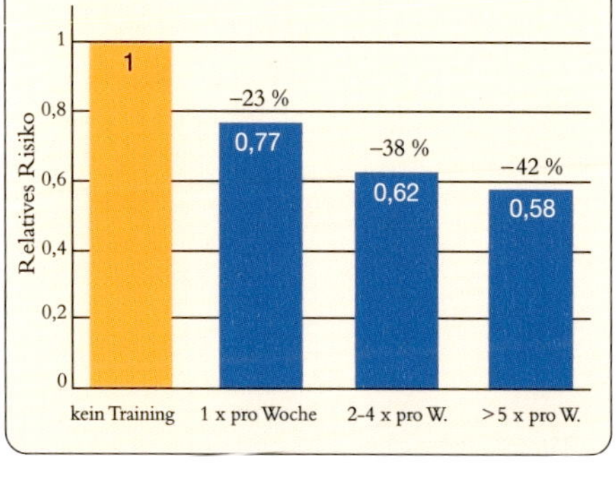

Dosierung

Nicht nur das WAS, sondern besonders das WIEVIEL ist entscheidend für die gesundheitliche Wirkung. Die Dosis bestimmt bekanntlich, ob ein segensreiches Medikament auch zum Gift werden kann. Auch hier muss sich – trotz aller wissenschaftlicher Erkenntnisse – der Betroffene selbst gemeinsam mit seinem Diabetes-Fit-Coach an die individuell richtige Dosierung der Bewegung herantasten.

Mehr oder weniger

Das in unserer Hochleistungsgesellschaft weit verbreitete „Je-mehr-desto-besser-Prinzip" ist für den Diabetiker abzulehnen: Mehr ist auf alle Fälle nicht besser. Weniger ist manchmal sogar mehr. Lieber viel zu langsam, als ein wenig zu schnell. Aber nichts bleibt nichts und bringt einen nicht weiter. Man soll sich fordern und fördern, aber nicht überfordern.

Amerikanische Studie an Ärzten

Eine amerikanische Studie an 21.271 Ärzten im Alter zwischen 40 und 84 Jahren zeigt eindrucksvoll die Wirkung unterschiedlich häufiger körperlicher Aktivität auf die Diabetes-Erkrankungsrate. Wer sich nur einmal pro Woche so anstrengend bewegte, dass er schwitzen musste, konnte in einem Beobachtungszeitraum von fünf Jahren das Risiko, zuckerkrank zu werden um 23 Prozent senken. Bei zwei bis viermaligem Training pro Woche sank das Risiko um 38 Prozent. Eine höhere Trainingshäufigkeit brachte eine Reduktion um 42 Prozent.[38]

Wie wir später noch sehen werden, dürfte ein viermaliges Training pro Woche ein gewisses Optimum darstellen. Ein einmaliges Training bringt jedoch auch schon einen erstaunlichen Gesundheitsgewinn.

Ausdauertraining

Bewegungsformen

Ein Schlauer trainiert die Ausdauer. Generell stellt sich zunächst die Frage der Bewegungsform bzw. Sportart, einer der heikelsten Punkte in der Zusammenstellung des „Diabetes-Fit-Menüs“.

Wer den Rasenmäher vor sich herschiebt und sich kontinuierlich bewegt, benötigt mehr als ein Sechstel aller Muskeln. Er hat damit eine ausdauerfördernde Bewegungsform gefunden. Wer flott in die Arbeit marschiert, Einkäufe zu Fuß erledigt und jede Stiege nimmt, anstatt mit dem Lift, tut seiner Ausdauer täglich etwas Gutes. Damit wird klar, dass es nicht unbedingt nur sportliche Bewegungsformen sein müssen, um die körperliche Ausdauer zu fördern.

Allerdings werden wir bald sehen, dass es nicht viele Bewegungsformen gibt, die den Belangen des Diabetikers entsprechen und die er ein Leben lang regelmäßig praktizieren kann. **Einschränkungen** erfährt die Liste der zuträglichen Bewegungsmöglichkeiten durch

- das Körpergewicht
- den Zustand der Knie- und Hüftgelenke
- die Vorerfahrungen und das technische Beherrschen der Sportarten
- das Ausgangsniveau von Ausdauer und Kraft
- die unmittelbaren körperlichen Einschränkungen durch den Diabetes wie z. B. Zustand der Füße, Augen, Nerven, Nieren, Zuckereinstellung, Erfahrungen im Umgang mit der Zuckerregulation
- die generellen Einschränkungen durch einen Bluthochdruck, einer koronaren Herzkrankheit und Ähnlichem
- das persönliche Zeit- und Geldbudget
- die Mobilität, z. B. einen Park oder Wald überhaupt zu erreichen
- die zur Verfügung stehenden Sportpartner und Infrastruktur (Geräte)
- die sportlichen Vorlieben.

Grundsätzlich kommen – ohne Anspruch auf Vollständigkeit zu erheben – folgende Bewegungsformen in Frage: alle Varianten des Gehens/Walkings in der Ebene und bergan, Langsam-Laufen, Radfahren, Training an Geräten wie Laufband, Ergometer, Stepper, Crosstrainer, Schwimmen, Rudern, Ski-Langlaufen, Eislaufen, Inline-Skaten, Tanzen, alle Varianten der Gymnastik mit Dauercharakter im und außerhalb des Wassers. So die Theorie.

Die Bewegungspraxis zeigt, dass für die meisten Diabetiker viele der genannten Bewegungsformen ausscheiden. Bevorzugt sollten vor allem jene werden, die gut dosiert und kontrolliert werden können. Grundsätzlich scheint die Kombination von bewegungsorientiertem Alltagsverhalten und sportlicher Aktivität in der Freizeit eine erfolgversprechende Strategie zu sein, bewusst seinen Bewegungsumfang zu erhöhen.[24] Die Kombination von Indoor- und Outdoor-Aktivitäten hat sich bewährt bzw. Training zu Hause sowie in der Gruppe mit anderen Sportfreunden.

Ergometer

Am technisch einfachsten und zeitlich leichtesten umsetzbar ist das Ergometertraining zu Hause. Die Testdaten einer Ergometrie lassen sich unmittelbar auf das Training übertragen, und so kann die Intensität exakt gesteuert werden. Das Körpergewicht spielt eine untergeordnete Rolle. Es kann (und soll) mit einem Partner während des Trainings geplaudert werden. Um Monotonie zu vermeiden, helfen Musik, Fernsehen, Buch, Zeitung oder das Lesen der Post. Auch der „Dialog-Termin mit sich selber", bei dem man gedanklich die Tagesaufgaben und Probleme abarbeitet, hilft sich abzulenken. Selbstverständlich aber auch die Einsicht, dass Training so notwendig wie die tägliche Nahrung ist. Nachteile des Solotrainings: Wer nicht ausreichend geschult ist, wird erfahrungsgemäß kaum Kräftigungs-, Beweglichkeits- und Koordinationsübungen durchführen.

Nicht nur aus Gründen der Abwechslung, sondern auch für eine notwendige Hilfe – z. B. bei einer Unterzuckerung – ist es zu Beginn des Diabetes-Fit-Trainings wichtig und sinnvoll, wenn beim Ergometertraining eine Begleitperson anwesend ist.

Crosstrainer

Für jene, die körperlich relativ fit sind, ist der Crosstrainer ebenfalls ein hervorragendes Trainingsgerät für zu Hause. Es kommen mehr Muskeln – insbesondere die Arme – zum Einsatz. Nachteile: Das Körpergewicht muss bewältigt werden und ein größerer Platzbedarf als beim Ergometer. Ebenso entfällt das Lesen als Ablenkungsmanöver.

Platz

Wie bei allen Geräten, die man sich anschafft, ist natürlich die Platzfrage ein sehr oft vorgebrachtes Argument, um diese Investition abzuwehren. Qualitativ ausgezeichnete und preislich erschwingliche Geräte werden aber immer mehr als funktionelles Möbelstück angesehen und zunehmend im Wohnraum akzeptiert. Wer es durch Rituale im Tagesablauf schafft, diesem Training eine hohe Bedeutung beizumessen, wird auch einen Platz für das mobile Gerät finden.

Gehen, Walking, Langsam-Laufen, Laufen

Die einfachste Form der Freiluftaktivitäten ist Gehen in allen Varianten – mit oder ohne Stöcke, im ebenen oder hügeligen Gelände. Das hochgepriesene Nordic Walking ist toll – aber nicht für alle und nicht am Beginn Ihrer Fitness- und Gesundheitskarriere. Denn wie die Praxis zeigt, ist eine gehörige Kraftausdauer der Arme bereits notwendig, um die Stöcke auch sinnvoll einsetzen zu können. Und wenn man

Stöcke nur mit sich herumträgt, um zur Fangemeinde dazuzugehören, ist dies leider sichtbar. Jede sportliche Technik braucht ihre spezifischen körperlichen Voraussetzungen! Dazu kommt, dass beim Gehen das Körpergewicht bewältigt werden muss – auch beim Nordic Walking – und die Gelenke der unteren Extremitäten, also Fuß-, Knie- und Hüftgelenke, belastet werden.

Gelenksbelastung

Da der Gelenksknorpel bei starkem Übergewicht auch stark belastet wird, hat für die Auswahl der Bewegungsform die vertretbare Gelenksbelastung eine hohe Priorität. Ist das Gelenk einmal ruiniert, lebt sich's nicht mehr ungeniert. Gerade im Gegenteil: Durch Schmerzen werden Bewegungsmangel und depressive Verstimmung geradezu provoziert. Der gut gemeinte Sport war „Mord", und das Gewicht wird weiter ansteigen. Ein Schuss ins Knie, im wahrsten Sinne des Wortes. Daher ist das Laufen, bei dem jeder Schritt das Kniegelenk in Abhängigkeit von der Geschwindigkeit mit dem mehrfachen Körpergewicht belastet, bei stark übergewichtigen Menschen zu vermeiden.

Schwimmen, Wassergymnastik, Aqua-Jogging

Soferne die Füße (Pilzinfektionen!) und das Herz des Diabetikers es zulassen sowie die Gefahr einer Unterzuckerung praktisch nicht gegeben ist und der Arzt das Okay gibt, wäre Wassergymnastik in allen Formen ein idealer Bewegungseinstieg für Übergewichtige. Noch einfacher ist das so genannte Aqua-Jogging, bei dem man im Wasser anstatt zu schwimmen einfach läuft. Durch den Auftrieb gibt es keine Gelenksbelastung, die Belastungsdosierung ist leicht zu steuern, und in einem Bad ist man praktisch nie alleine. Leider fehlt meist die Möglichkeit zu diesen Wasseraktivitäten in der Nähe des Wohnortes, sodass eine regelmäßig Ausübung schwierig ist.

Radfahren

So wie das Ergometertraining ist das Radfahren gelenksschonend, wenn die Sattelhöhe stimmt und anstatt mit hohem Krafteinsatz mit einer höheren Tretfrequenz gefahren wird. Man erlebt beim Radfahren verschiedene Landschaften, kann gemeinsam aktiv sein und kurze Tretpausen zur Erholung einlegen. Dadurch ist sogar ein Tagesausflug möglich, was der Seele gut tut und für die Verbesserung der Ausdauer günstig ist. Zuckermessungen und die Anpassung der Ernährung und Medikation vor, während und nach der Tour sind erforderlich. Essen und Trinken sind immer mitzuführen. Vom Standpunkt des Ausdauertrainings ist Rad fahren sehr positiv zu bewerten. Probleme ergeben sich bei der Umsetzung im großstädtischen Bereich, wo man leicht an der fehlenden unmittelbaren Umsetzbarkeit scheitert. Wer Schwierigkeiten mit dem Rücken, den Bandscheiben oder der Halswirbelsäule hat, wird die Radfahrdauer eher kürzer halten müssen.

Ski-Langlaufen

Im Winter ist aufgrund der gelenksschonenden Wirkung und der möglichen Naturerlebnisse das Ski-Langlaufen auf den ersten Blick sehr interessant. Bei näherer Betrachtung werden bald folgende Hürden sichtbar: die Unfallgefahr (vor allem wenn die Loipe eisig und nicht eben ist), das Beherrschen der sportlichen Technik, die relativ hohe Belastung der gesamten Muskulatur und damit auch kreislaufmäßige Beanspruchung sowie die örtlich und zeitlich eingeschränkten Ausübungsmöglichkeiten.

Tanzen

Nichttänzer brauchen Mut für den Beginn. Wer einmal aber mit Tanzen begonnen hat und es regelmäßig pflegt, kommt davon wahrscheinlich nicht mehr los. Jene, die immer schon gerne getanzt haben, sollten es als ernsthaftes Training wiederentdecken Aus sportwissenschaftlicher Sicht hat Tanzen eine Fülle von Vorteilen auf körperlicher, seelischer und sozialer Ebene, sodass es nur empfohlen werden kann, wenn die Chance dazu besteht. Vor allem Senioren-Gemeinschaftstänze eigenen sich hervorragend, wenn sie keine zu hohe Einzelbelastung verlangen. Es empfiehlt sich manchmal eine Pulskontrolle. Durch den mitreißenden Effekt der Tanzpartner und der Musik vergeht die Zeit im Flug, was für die Trainingsregelmäßigkeit ein Vorteil, aber für das Zuckermanagement auch ein Nachteil sein kann. Bitte auch hier: auf die Selbstmessung nicht vergessen. Wer bereits Probleme mit den Füßen hat, sollte besonders auf diese achten. Daher kommt dem Schuhwerk eine nicht unwichtige Bedeutung zu, um Verletzungen vorzubeugen.

Diabetes-Fit-Gymnastik

Gut aufgebaute und pädagogisch richtig geführte Gymnastik fördert ganzheitlich jene Fähigkeiten, wie sie in meiner Diabetes-Fit-Pyramide gefordert werden. Sie wäre bei entsprechendem Wissen des Übungsleiters überall leicht umsetzbar. Einschränkungen, die sich ergeben: Auch hier ist das eigene Körpergewicht zu bewältigen und die Ausdauerbelastung schwerer zu dosieren als beim Fahrradergometertraining.

Diabetes-Fit-Gymnastik in der Gruppe benötigt außer den Räumlichkeiten relativ geringe infrastrukturelle Voraussetzungen wie z. B. Matten und Handgeräte (Gummibänder, Bälle, Tücher, Stäbe). Sie ist durch die Vielseitigkeit und den möglichen Einsatz von Musik und der Handgeräte abwechslungsreich und motivierend zu gestalten. Bei einem Zwischenfall steht die Gruppe helfend zur Seite, der Trainingsort ist eindeutig beschreibbar und für Rettungsfahrzeuge leicht zu finden. Der Unterschied zu einer „normalen Gymnastikstunde" ergibt sich durch die Ausbildung des Übungsleiters, der auf die Belange von Diabetes mellitus durch das ausgewählte Übungsgut eingeht, die Gefahren und Risiken kennt, aber auch die Nutzwerte gut vermitteln kann.

Diabetes-Fit-Training nach dem ASKÖ-FIT-Modell

Ideal ist es, wenn eine Kombination aus der Diabetes-Fit-Gymnastik und einem Ergometertraining möglich ist, wie wir sie bei ASKÖ-FIT seit 1985 durchführen.[25] Einerseits werden durch Gymnastik verschiedene Trainingswirkungen im Bereich der Kraft, Beweglichkeit und Koordination erreicht, andererseits kann das Ausdauertraining gezielt und motivierend gesteuert werden. Es ist möglich, eine individuell sehr unterschiedliche äußere Belastung (= Tretwiderstand am Rad) zu setzen. Gleichzeitig wird diese aber nicht augenscheinlich, sodass eine leistungsorientierte Gruppendynamik nicht entsteht.

Dosis

Wir haben uns bisher über das Was (Welche Bewegungsformen?) Gedanken gemacht. Jetzt kommen Antworten auf die Fragen nach dem Wieviel, also

- der Trainingsintensität (Wie schnell oder besser wie langsam?)
- der Trainingsdauer (Wie lange soll trainiert werden?)
- der Trainingshäufigkeit (Wie oft soll trainiert werden?).

Trainingsintensität

Wurde für die Trainingsfreigabe beim Arzt eine Ergometrie (Belastungstest) durchgeführt, dann kann davon eine Trainingsherzfrequenz (HF-Tr) abgeleitet werden. Diese SOLL-Herzfrequenz pro Minute wird als Maß für die Trainingsintensität herangezogen. Dazu hat sich die so genannte Karvonen-Formel relativ gut bewährt. Sie ist heute ein Standard. Für das Training des Diabetikers wird dabei eine Intensität von 50 bis 60 Prozent – je nach erreichter Leistungsfähigkeit – empfohlen. Liegt bereits eine koronare Herzerkrankung vor, sind sogar nur 40 Prozent möglich. Die Trainingsherzfrequenz pro Minute lässt sich folgendermaßen berechnen:

$HF_{Tr} = HF_{Ruhe} + (HF_{max} - HF_{Ruhe}) \times 0{,}4$ oder 0,5 bzw. 0,6

HF_{Max} ist die Herzfrequenz, die beim Belastungstest mit Ausbelastung erreicht wurde (z. B. 148/Minute).

HF_{Ruhe} ist die Herzfrequenz, die in Ruhe (ohne Vorbelastung) ermittelt wird (z. B. 84/Minute).

$HF_{Tr} = 84 + (148-84) \times 0{,}5 = 116$/Minute entspricht 50 Prozent.

$HF_{Tr} = 84 + (148-84) \times 0{,}6 = 122$/Minute entspricht 60 Prozent.

Meiner Erfahrung nach ist beim Diabetiker zunächst mit 50 Prozent zu beginnen und erst nach sechs Wochen allmählich auf 60 Prozent zu steigern, wenn die Blutzuckerreaktion keinen Anstieg nach Belastung ergibt.

Störgrößen

Obwohl diese Formel eine individualisierte Richtlinie ist, zwingt die Praxis manchmal zu Korrekturen, sodass sie – wie viele andere wissenschaftliche Erkenntnisse auch – nicht als Dogma zu betrachten ist.

Folgende Faktoren können eine Korrektur bzw. Schätzung erfordern:

- Alter der Ergometrieergebnisse
- ein Belastungsbluthochdruck wird ermittelt
- hoher Puls durch Aufregung vor der Ergometrie
- keine Ausbelastung
- Durchblutungsstörung des Herzmuskels (Ischämie)
- Herzrhythmusstörungen.

Aus diesen Überlegungen wird klar, dass einzig und allein der Arzt durch die Zusammenschau aller Faktoren imstande ist, beim chronisch kranken Diabetiker die maximale Höhe der Trainingsherzfrequenz festzulegen. Treten beispielsweise bei der Ergometrie Veränderungen wie eine Ischämie oder Rhythmusstörungen auf, dann wird bei Herzpatienten eine um zehn Schläge pro Minute niedrigere Trainingsherzfrequenz empfohlen.[29]

Täglich richtig

Die vom Arzt errechnete und in der Trainingsfreigabe für das gesundheitsorientierte Training schriftlich dokumentierte Herzfrequenz stellt prinzipiell die maximale Obergrenze dar. Sie berücksichtigt naturgemäß nicht tagesaktuelle Einflüsse. Daher kann und soll der Übungsleiter eine „Korrektur nach unten" durchführen, wenn es notwendig erscheint.

Für die Beurteilung der täglich richtigen Intensität ist das Atemverhalten ein sehr wichtiges Kriterium. Wer nicht lungenkrank ist, aber hörbar schnauft, trainiert sicher viel zu intensiv. Er geht, läuft oder tritt zu schnell! In der Regel kann bei richtiger Intensität jeder problemlos in ganzen zusammenhängenden Sätzen mit seinem Diabetes-Fit-Partnern plaudern. Subjektiv wird die Belastung als „mäßig leicht" bis „etwas schwer" oder als „recht leicht" bis „etwas anstrengender" empfunden.[16] Eine bewährte Anweisung für das Ausdauertraining lautet: Wählen Sie die Belastung so, dass es gerade noch angenehm ist. Wenn der Zucker nach der Belastung ohne Gabe von Broteinheiten ansteigt, ist die Belastungsintensität ebenfalls zu hoch oder es liegt ein Insulinmangel vor.

Wer sich subjektiv nicht wohl fühlt – weil

- gerade ein Wetterwechsel bevorsteht
- ein Schlafdefizit besteht
- Föhneinbruch herrscht
- ein Infekt den Körper belastet oder
- ein anderer Stressor belastet,

sollte auf alle Fälle nicht einem „pseudoobjektiven Herz-Frequenz-Diktat" verfallen, sondern seinem Gefühl nachgeben und die Belastung moderater gestalten.

Auf alle Fälle darf der Diabetiker niemals das Gefühl haben, mehr leisten zu müssen, als er rein subjektiv selber will.

Generell ist festzustellen, dass es bei der Steuerung der Trainingsintensität des Diabetes-Fit-Trainings nicht primär um die Verbesserung der Fitness geht. Im Vordergrund stehen die gesundheitlich wichtigen Wirkungen auf den Zucker- und Fettstoffwechsel sowie auf das Herz-Kreislauf-System bei möglichst geringem Überforderungsrisiko. Diese werden eher bei niedriger Intensität und erhöhtem Trainingsumfang (Dauer x Häufigkeit) erreicht.

Pulsmessung

Der Puls gibt die Herzfrequenz wieder. Sie ist am Handgelenk oder an der Halsschlagader tastbar. Wenn Trainingsteilnehmer meinen: „Ich habe keinen Puls", dann finden sie ihn nur nicht. Sofern sie bei Bewusstsein sind, müssen sie natürlich einen Puls haben. Es ist daher auch eine wichtige Aufgabe des Übungsleiters, diese Fähigkeit mit den Teilnehmern zu erlernen. Das Messen während des Ergometertrainings oder unmittelbar nach Belastungsende bei allen anderen Bewegungsformen darf kein Problem darstellen.

Gezählt werden die Pulsschläge über eine Dauer von zehn oder maximal 15 Sekunden. Es muss daher zumindest eine Uhr mit Sekundenanzeige zur Verfügung stehen. Diese Zahl wird dann mit sechs bzw. vier multipliziert, um den Puls pro Minute (= Trainingsherzfrequenz) zu erhalten.

Wurde richtig gemessen und richtig gerechnet, ist der ermittelte Puls pro Minute mit der empfohlenen Trainingsherzfrequenz zu vergleichen.

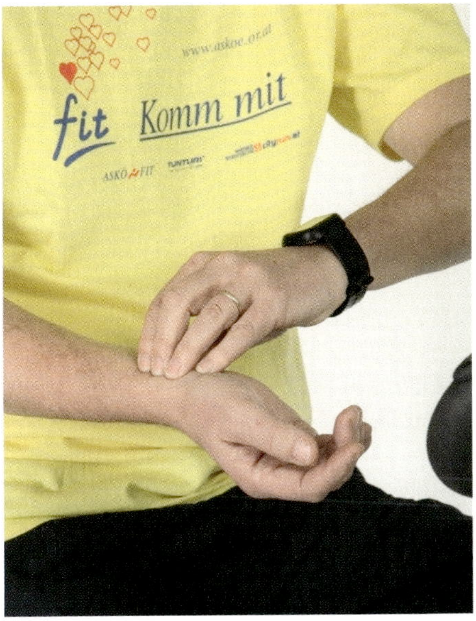

Ist der gemessene Puls höher, dann ist die Belastungsintensität (Tempo und/oder Tretwiderstand) zu verringern.

Ist der gemessene Puls niedriger, dann sollte die Belastungsintensität gesteigert werden, wenn auch subjektiv alles dafür spricht.

Entspricht der gemessene Puls der Vorgabe, wird die Belastungsintensität beibehalten.

Geräte

Viele Pulsmessgeräte sind heute sehr einfach zu bedienen, genau und erschwinglich. Es empfiehlt sich der Kauf vor allem, wenn eine Herz-Kreislauf-Erkrankung vorliegt. Die Herzfrequenz ist jederzeit ablesbar, und Obergrenzen können durch ein akustisches Signal hörbar gemacht werden. Wenn Herz-Rhythmus-Störungen vorliegen, funktionieren diese Geräte nicht und verunsichern nur. Wer sich einen Pulsmesser zulegt, sollte dennoch auch manuell den Puls rasch und sicher fühlen können. Im Notfall ist zur ersten Hilfe diese Fähigkeit sicher nützlich.

Trainingsdauer

Die Dauer der einzelnen Trainingseinheit mit wirksamer Intensität sollte 20 Minuten nicht unterschreiten. Das heißt nicht, dass man sich über diese Zeitdauer dauernd bewegen muss, sondern nur, dass die Herzfrequenz insgesamt pro Training über die erwähnten 20 Minuten im Zielbereich liegen soll. Pausen sind daher durchaus sinnvoll, um diese wirksame Trainingsdauer problemlos zu schaffen. Ist muskulär eine sehr niedrige Leistungsfähigkeit vorhanden, dann zeigt die Praxis, dass sogar eine noch kürzere Reizdauer zu spürbaren Fortschritten führt. Damit stimmen auch die Sätze: Es ist nie zu spät, den ersten Schritt zu tun. Jeder Schritt zählt.

Für einen „optimalen Gesundheitseffekt" ist eine ausdauerwirksame Trainingsdauer von 30 bis 60 Minuten pro Trainingseinheit anzustreben.[4] Der Weg dorthin ist individuell. Er sollte langsam beschritten werden und darf durchaus ein Jahr und mehr dauern.

Bei unserem 90-minütigen gruppenorientierten Diabetes-Fit-Training nach dem ASKÖ-FIT-Modell wird eine wirksame Ausdauer-Trainingszeit von 3 x 15 Minuten zweimal die Woche mit zwei Tagen Abstand absolviert. Somit ergibt sich eine Netto-Ausdauertrainingszeit von 1,5 Stunden pro Woche. Dazu kommen nach dem Aufwärmen noch Gymnastik zur Verbesserung von Kraft bzw. Kraftausdauer, Beweglichkeit, koordinativer Fähigkeiten und abschließend Entspannung. Damit dauert eine Trainingseinheit insgesamt 90 Minuten. In der Summe ergibt das eine Zeitinvestition von drei Stunden pro Woche. Dazu zu rechnen sind noch die Anfahrts-, Hygiene- und Umkleidezeiten. Für Personen mit niedrigem Ausgangsniveau und gesundheitlichen Handicaps attestierten jüngste Forschungsergebnisse diesem Trainingsablauf eine optimale Zusammenstellung.[31]

Trainingshäufigkeit

Was die Häufigkeit der Trainingseinheiten betrifft, ist zumindest präventiv für das Diabetesrisiko „einmal nicht keinmal". Vor allem bei niedrigem Ausgangsniveau wird eine moderate Verbesserung der körperlichen Fähigkeiten und Risikofaktoren erfahrungsgemäß zu erwarten sein. Zumindest ein Erhalten der körperlichen Fähigkeiten ist wahrscheinlicher, wenn wenigstens einmal pro Woche trainiert wird als überhaupt nicht. Diese Feststellung ist für den Einstieg von besonderer Bedeutung. Was subjektive Gesundheitswirkungen betrifft, ist sogar ein einmaliges Training pro Woche nachweislich wirksam, wenn es qualitativ richtig aufgebaut ist. Wer einmal pro Woche in einer Gruppe trainiert,

- hat weniger Überforderungsängste
- erfährt eine höhere Selbstwirksamkeit
- bekommt mehr Selbstvertrauen (Ich kann das!)
- schreibt dem Training einen höheren Sinn zu
- hat realistischere Konsequenzerwartungen
- weist eine positivere Grundgestimmtheit auf
- hat ein positiveres Körperselbstbild
- erfährt eine positivere soziale Einbindung
- erlangt mehr Wissen über richtiges Trainingsverhalten
- hat mehr Wissen über die Trainingseffekte.[31]

Zwei wirksame Trainingseinheiten sind vom Diabetiker dennoch wenn möglich schon zum Einstieg anzustreben. Noch günstiger sind drei- bis viermal Training pro Woche. Grob gesagt: Ein Training zumindest an jedem zweiten Tag wäre für den Diabetiker ideal.[14] Ein Trainingsfortschritt ist damit garantiert und bei langsamer Steigerung ein Überforderungszustand am Bewegungsapparat relativ unwahrscheinlich.

Umfangsteigerung

Wenn regelmäßig trainiert wird, ist eine Steigerung des wirksamen Umfangs des Ausdauertrainings pro Woche erfahrungsgemäß nach sechs bis acht Wochen um 25 bis 50 Prozent möglich. Die Gesamt-Nettotrainingszeit pro Woche, also die Gesamtdauer aller wirksamen Ausdauereinheiten, steigt damit an. Sie erreicht bei drei bis fünf Stunden und einem Kalorienverbrauch von 1500 bis 2000 kcal pro Woche ein gewisses Optimum für den gesundheitlichen Nutzen.[24]

Dies entspricht auch dem in der Literatur angegebenen Ziel der täglichen Bewegungseinheit von 30 Minuten Dauer (z. B. mittelschnelles Gehen).

Wer nicht mehr im Berufsleben steht, müsste dies – mit einigen Abstrichen – bei entsprechender Prioritätensetzung schaffen können.

Gesundheit und Kalorien

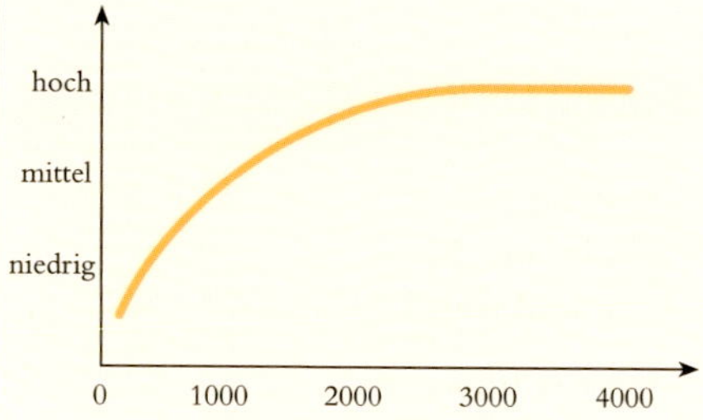

Diabetes-Fit-Training

Kcal	TE/Woche	Dauer	Wirkungen objektiv	Wirkungen subjektiv
500–750	1 x	90 Min.	–	↑
1000	2 x	60 Min.	↑	↑
1500	2 x	90 Min.	**↑**	**↑**
2000–3000	**3–5 x**	**30–60 Min**	**↑↑**	**↑↑**

Krafttraining

Muskelmasse

Das Ziel des Krafttrainings beim Diabetiker ist nicht so sehr die Erhöhung der Kraft, sondern das Erhalten und Aufbauen der Muskelmasse sowie Beeinflussung des Muskelstoffwechsels. Bei der Auswahl der Übungen sollten daher möglichst viele Muskeln angesprochen werden. Vorausgesetzt es spricht von ärztlicher Seite nichts gegen Krafttraining (Augen und Blutdruck!), ist das Gerätetraining mit genau dosierbaren Gewichten oder Widerständen die beste Möglichkeit dafür.

Die Standardmethode, um Muskelzuwachs zu erzielen, liegt darin, das Gewicht oder den Widerstand so zu wählen, dass gerade noch zehn bis fünfzehn Wiederholungen einer Übung möglich sind. Dies entspricht ca. 70 bis 85 Prozent der Maximallast und ergibt den besten Effekt für Muskelwachstum.

Pro Trainingseinheit wären idealerweise fünf bis acht Übungen anzustreben, die zweimal mit je zehn bis fünfzehn Wiederholungen zwei Mal pro Woche mit zumindest zwei Tagen Pause dazwischen ausgeführt werden.

Ist es möglich, mehr als 15-mal die Übung zu wiederholen, ist das Gewicht bzw. der Widerstand zu erhöhen, damit der Spannungsreiz im Muskel eine weitere Anpassung und damit Fortschritte auslöst.

Für das Krafttraining mit hohen Lasten sind

- der Zustand der Gelenke und Augen
- die muskulären Voraussetzungen und
- ein eventuell vorliegender Bluthochdruck zu berücksichtigen.

Sind daher die relativ hohen Kraftbelastungen unmöglich oder problematisch, ist – bei entsprechend geringerer Last oder geringerem Widerstand – ein Kraftausdauertraining mit Erhöhung auf 20 bis 30 Wiederholungen pro Übung eine in der Praxis häufig angewandte Alternative. Die dabei erzielte Wirkung geht dann mehr in Richtung Kraftausdauer und hat positive Wirkungen auf die Insulinempfindlichkeit sowie den Muskelstoffwechsel.[4] Die praktische Umsetzung könnte in Form eines Zirkeltrainings erfolgen, bei dem die verschiedenen und den individuellen Voraussetzungen angemessenen Übungen in zwei bis drei Durchgängen absolviert werden.[19]

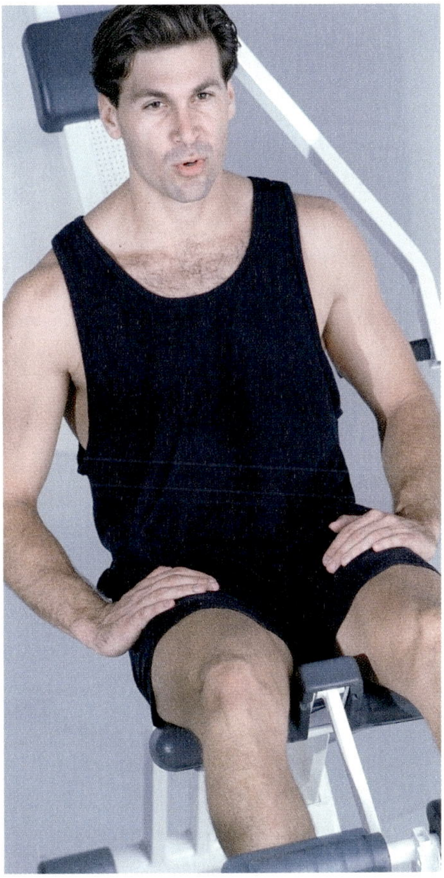

Zugangsbarrieren

Nun ist es vielen Diabetikern einfach nicht möglich, ein Fitnessstudio aufzusuchen, weil es in ihrer unmittelbaren Nähe gar keines gibt. Auch von der finanziellen Seite geraten immer mehr ältere Menschen und damit viele Diabetiker unter Druck. Sie haben daher keinen Zugang zu einem Krafttraining an Geräten unter Anleitung.

Dazu kommt noch die häufig vorhandene emotionale Barriere. Diabetiker trauen sich oft aufgrund ihres Übergewichts nicht in ein Fitnesscenter, wo sie mit toptrainierten Menschen konfrontiert werden und ihre Schwächen vor Augen geführt bekommen.

Dieser Gruppe von Diabetikern bleibt nichts anderes übrig, als sich mit Kräftigungsübungen auszuhelfen, bei denen das Körpergewicht oder Handgeräte wie z. B. Gummibänder oder Gewichtsmanschetten für den nötigen Widerstand sorgen.

Bei unserer Diabetes-Fit-Gymnastik kombinieren wir langsame, dynamische Übungen mit bewusster Muskelanspannung. Dies soll dazu führen, dass der Muskel mehr als 70 Prozent seiner Maximalkraft entwickelt und dadurch der Anreiz für ein muskuläres Dickenwachstum entsteht. Wichtig dabei ist das ruhige Ausatmen beim Belasten.

Unerwünschte Wirkungen

Krafttraining hat auch mögliche unerwünschte Nebenwirkungen wie z. B. Blutdrucksteigerung und Erhöhung des Druckes im Brustraum, wenn gepresst wird. Diese Pressatmung kann sich ungünstig auf die Herzdurchblutung auswirken und dadurch gefährliche Folgen nach sich ziehen. Daher: Immer locker weiteratmen!

Ebenso muss hier auf die Gefahr einer möglichen Augenblutung oder gar Netzhautabhebung hingewiesen werden, insbesondere wenn der Kopf so gehalten wird, dass ein Blutandrang im Kopf entsteht.

Beweglichkeit

Lebensqualität

Das Halten oder Verbessern der Beweglichkeit hat für den Diabetiker keine unmittelbare Stoffwechselbedeutung. Dennoch ist die Beweglichkeit für ein ganzheitliches Wohlbefinden und die Lebensqualität besonders bei älteren Menschen sehr wichtig. Die Mehrzahl der Typ-2-Diabetiker ist über 60 Jahre! Wer rastet, der rostet und wird unbeweglich. Wer sich die Schuhbänder nicht mehr alleine binden kann, leidet unter einem eklatanten Beweglichkeitsdefizit, das unmittelbar zur Abhängigkeit von Hilfsmitteln und anderen Personen führt – mit all seinen psychologischen, sozialen und in der Folge wieder körperlichen Auswirkungen.

Leicht und risikoarm

Durch den Mangel an Kraft in der Gesäß- und Rückenmuskulatur sowie durch Verkürzung der Hüftbeugemuskeln kommt es zum Schlurfgang. Wir kennen diesen von älteren Menschen, die nur mehr wenig mobil sind und viel sitzen. Hier wird deutlich sichtbar, wie wichtig rechtzeitiges Kräftigungs- und Beweglichkeitstraining ist. Dazu kommt, dass die meisten Beweglichkeitsübungen praktisch risikolos auszuführen sind und Erfolgserlebnisse nicht lange auf sich warten lassen. Sie können sehr vorsichtig und individuell dosiert werden. Für den Diabetiker ist noch wichtig, dass der Anstrengungsgrad und damit der Zuckerverbrauch sehr gering ist.

Übungsauswahl

Was die Auswahl der Übungen betrifft, sollten jene einen hohen allgemeinen Nutzen bringen und – wenn möglich – täglich gemacht werden. Dazu wären ergänzend spezielle Übungen sinnvoll, durch die persön-

liche Einschränkungen der Beweglichkeit verbessert werden können. Um diese festzulegen und einzuüben, ist in den meisten Fällen ein Diabetes-Fit-Coach bzw. eine Diabetes-Fit-Gymnastikgruppe notwendig.

Dosierung

Dehnungsübungen können dynamisch und statisch durchgeführt werden. Sie bewirken langfristig eine tatsächliche Verlängerung des Muskels und damit verbesserte Beweglichkeit. Für gesundheitssportliche Ziele hat sich bewährt, den Muskel langsam in eine größtmögliche Dehnung zu bringen, bis ein deutliches Dehnungsgefühl, aber noch keine Schmerzen empfunden werden. In dieser Dehnungsposition sollte ca. fünf bis 30 Sekunden – manche Empfehlungen gehen bis zu einer Minute – ruhig verharrt werden. Nach dieser Dehnungsphase, einem bewussten Entspannen und Auflockern der Muskulatur, empfiehlt es sich, die Übung zu wiederholen.

Fit-Tipp: Keine Übung soll Schmerzen bereiten, aber eine Muskelspannung oder Muskeldehnung muss während der Übung spürbar sein, um eine Anpassung und damit Verbesserung zu erzielen! Ansonsten hat die Übung einen aktiv erholenden Wert, aber bringt keinen nennenswerten gesundheitlichen Nutzen!

Koordination – Geschicklichkeit – Balance

Schneller Erfolg

In Zusammenhang mit Diabetes mellitus sollte – ähnlich wie bei der Beweglichkeit – auf das Training der Koordination, Balance und Geschicklichkeit nicht verzichtet werden. Wer die Zielgruppe der Typ-2-Diabetiker kennt, weiß, dass es gerade für die langfristige Freude an der Bewegung wichtig ist, am Erfolg zu lernen. Dieser wird am schnellsten und deutlichsten spür- und sichtbar bei Übungen, die Balance, Koordination und Geschicklichkeit verlangen. Schon nach einigen Trainingseinheiten verbessert sich die Fähigkeit, auf einem Bein zu stehen. Der zugeworfene Ball wird öfter gefangen, die Übungen sind bereits bekannt und werden spielerischer ausgeführt. All das gibt rasche Erfolgserlebnisse, die für das Durchhaltevermögen des gesamten Trainings von entscheidender Bedeutung sind.

Sturzprohylaxe

Geschicklichkeits- und Balanceübungen sind eine anerkannte Sturzprohylaxe. Sie vermitteln Diabetikern Standfestigkeit und Sicherheit.

Humor und Ermutigung

Kommunikative Übungen

Wer als Teilnehmer in einer Diabetes-Fit-Stunde nicht gelacht hat, dem wurde etwas vorenthalten, das er ebenso dringend braucht wie Muskelarbeit – nämlich Nahrung für die Seele. Alle Übungen mit hohem kommunikativem Wert sind daher wichtig für den Einstieg in die Positivspirale.

Für die Stimmung in einer Diabetes-Fit-Gruppe oder Trainingspartnerschaft sind alle verantwortlich. Bewusst können alle dazu beitragen, dass man sich gegenseitig ermutigt und aufbaut. Primär ist es natürlich die Aufgabe des Diabetes-Fit-Übungsleiters, Humor in die Stunde zu bringen und jene in der Gruppe zu ermutigen, die ihm dabei helfen wollen. „Was, die Zeit ist schon wieder vorbei?" – wird dieser Satz von den Teilnehmern formuliert, so weiß man, dass das Training nicht langweilig war.

Lob

Ermutigung ist ein grundsätzliches Thema, das in meiner Diabetes-Fit-Pyramide fix verankert ist. Ich verstehe darunter jene verbalen und nonverbalen Äußerungen – sowohl von den Teilnehmern als auch vom Übungsleiter –, die dazu führen, dass

- jeder so sein kann, wie er es möchte
- niemand Ängste haben braucht
- jeder sich angenommen fühlt und
- auf alle Fälle keine Leistungsnormen erfüllt werden müssen.

Lob und Ermutigung sollen dazu führen, dass sich jeder auf seinen persönlichen Weg macht, nach dem Motto: „Es ist nie zu spät, den ersten und nächsten Schritt zu tun."

Kennzeichen für die richtige Belastung

Kurzfristig

Kurzfristig ist die Dosierung des gesundheitsorientierten Diabetes-Fit-Trainings als richtig zu bewerten, wenn

- die objektiven und subjektiven Trainingsvorgaben für die Intensität, Dauer bzw. Wiederholungen sowie Häufigkeit eingehalten werden können und
- der Stoffwechsel im Gleichgewicht gehalten wird
- während des Trainings keine Schmerzen, Atemnot, Schwindel oder Befindlichkeitsstörungen jeder Art auftreten
- man das Training gerne wiederholen möchte und sich schon auf das nächste Mal freut
- man sich nach dem Training angenehm erfrischt oder leicht müde fühlt
- nach einem Abendtraining man leicht einschlafen kann
- nach dem Training weder Schmerzen oder Befindlichkeitsstörungen auftreten
- das Erfolgserlebnis – „Ich habe gar nicht gewusst, dass ich das Training so leicht schaffe!" – für das nächste Mal motiviert.

Langfristig

Langfristig ist das Training richtig, wenn die theoretisch erreichbaren Wirkungen tatsächlich messbar werden. Dies setzt regelmäßiges, zumindest zweimal wöchentliches Training nach den beschriebenen Kriterien voraus.

Im Hinblick auf die Verbesserung der Beweglichkeit, Kraft, Koordination, Balance und Geschicklichkeit spürt jeder, direkt im Trainingsprozess anhand der Standardübungen, welche Fortschritte er macht. Übungen, die zunächst schwer gefallen sind oder gänzlich unmöglich waren, sind manchmal schon nach zwei Wochen eine Spielerei.

Das Körpergewicht und der Bauchumfang sind ebenso zwei Gradmesser der Trainingswirksamkeit.

Zumindest jährlich kann dann eine medizinische Kontrolle mit Messung

- des Cholesterins (HDL, LDL)
- der Triglyceride
- des HbA1c-Wertes
- des Blutdrucks
- sowie die Einschätzung der gesamten Durchblutungsverhältnisse
- und Leistungs-/Erholungsfähigkeit

ein objektives Bild über die momentane IST-Situation darstellen. Der Vergleich mit vorherigen Testwerten zeigt, was das Training wirklich bewirkt hat.

→ Mein Zuckermanagement

Sicherheit

Grundsätzlich sind die folgenden Empfehlungen sicherheitsorientiert. Es soll niemand verleitet werden, unnötiges Risiko einzugehen, unüberlegt zu handeln, vielleicht sogar den ärztlichen Rat zu ignorieren oder in Bewegung ein Allheilmittel zu sehen. Dennoch ist hoffentlich bisher auch klar geworden, dass körperliche Schonung und Bewegungsmangel ein viel zu starker gesundheitlicher Risikofaktor sind, um ihn einfach zu akzeptieren. Vor allem die Lebensqualität würde enorm leiden, wenn man sich aus Angst nur schont.

Zuckermessungen

Wenngleich es für nicht wenige eine Kostenfrage ist, denn die Zuckermessstreifen sind nicht billig, ist die Messung vor und nach dem Training ein Muss. Bei länger dauernden Belastungen (über eine Stunde) z. B. bei Bergwanderungen oder Radtouren, sollte unbedingt auch während der Belastung sowie zumindest auch zwei bis drei Stunden nach Belastungsende und noch später der Zucker gemessen werden. Mit der entsprechenden Nahrungszufuhr sowie einem angemessenen Insulin- und Tablettenmanagement gilt es, den Blutzucker im Gleichgewicht zu halten und z. B. einem nächtlichen (!) Hypo vorzubeugen.

Spezielles für den Typ-1-Diabetiker

Beratung

Vor Beginn der Bewegungskarriere des Typ-1-Diabetikers steht die ärztliche Beratung, um sämtliche Fragen speziell im Zusammenhang mit der Insulintherapie abzuklären. Auch Selbsthilfegruppen leisten dazu große und leistbare Hilfe. Jedenfalls sollte auf die vielen positiven Wirkungen sportlicher Aktivität für ein nachhaltiges Gesundheitsmanagement nicht verzichtet werden. Die Angst vor einer Hypoglykämie, also Unterzuckerung, ist jedoch verständlich und tatsächlich vor allem zu Trainingsbeginn sehr berechtigt.

Generell gilt, dass neben der allgemeinen Freigabe (Herz-Kreislauf, Augen, Nieren, Füße) für den Typ-1-Diabetiker die unmittelbar wichtigste Trainings- und Sportvoraussetzung eine sichere Stoffwechseleinstellung mit Blutzuckerwerten von 100 bis maximal 250 mg/dl ist. Diese wird durch eine den Bewegungsaktivitäten angemessene Ernährung und Insulintherapie erreicht. Durch oftmaliges Messen und genaue Dokumentation der Blutzuckerkurven ergibt sich ein individueller Erfahrungsgewinn, der vielen Typ-1-Diabetikern ein erstaunlich gutes Zuckermanagement ermöglicht.

Die Unterzuckerung kommt als Komplikation am häufigsten vor. Sie tritt dann auf, wenn zu knapp vor der sportlichen Aktivität relativ zu viel Insulin gespritzt wird. Es kommt zum Hypo während länger dauernder Belastungen (über 60 Minuten) und auch lange Zeit danach. Hypoglykämien können so auch in der Nacht auftreten, da noch Stunden nach sportlicher Aktivität Zucker in den Muskelzellen aufgenommen wird (Muskelauffülleffekt).

Die Erfahrung zeigt, dass ein „Hypo" selbst von gut geschulten Personen nicht immer gespürt werden muss. Grundsätzlich ist daher ein Training zu zweit oder in der Gruppe dem Solotraining vorzuziehen. Traubenzucker muss immer griffbereit sein. Das soziale Umfeld, also die Familie oder die Sportfreunde, sind zu schulen, was sie in einer akuten Notsituation zu tun und veranlassen haben.

Regeln

Einige Standardregeln für das Blutzuckermanagement werden in der Fachliteratur zur Orientierung angegeben:

Liegt der Blutzucker unter 100 mg/dl soll eine Broteinheit (BE) vor der sportlichen Aktivität eingenommen werden, und zwar etwa 20 Minuten vor dem Beginn der Bewegungseinheit. Dann Hände waschen und wieder messen.

Liegt der Blutzucker über 250 mg/dl und können im Harn Ketonkörper nachgewiesen werden, dann ist das Training zu verschieben und mit Insulingaben der Blutzucker zu senken. Zusätzlich ist die Zufuhr kalorienfreier Flüssigkeit wichtig. Die Gefahr, dass bei dieser Ausgangslage durch Training eine völlige ketoazidotische Stoffwechselentgleisung provoziert wird, ist hoch, sodass – wie schon oben dargelegt – nur aus einer stabilen Ausgangslage des Blutzuckers im Bereich von 100 bis maximal 250 mg/dl mit sportlicher Aktivität begonnen werden darf. Das Training ist sofort einzustellen, wenn die Blutglukose 300 mg/dl übersteigt.

Um eine ungewollte Kumulation der blutzuckersenkenden Wirkung von Insulin und sportlicher Aktivität zu vermeiden, ist auch auf den Zeitpunkt der höchsten Insulinwirkung zu achten.

In die Arbeitsmuskulatur sollte das Insulin nicht verabreicht werden, da es durch die gesteigerten Durchblutungsverhältnisse schneller wirkt.

Umgekehrt kann durch einen gezielten Einsatz fortdauernder körperlicher Aktivität ein insulinsparender Effekt von mehr als 30 Prozent (!) eintreten. Bewegung ist daher ein bedeutsamer Bestandteil des Gesamtkonzepts für das Blutzuckermanagement. Wichtig ist jedoch, dass das Training auch tatsächlich durchgeführt wird. Wenn die Bewegung z. B. durch Krankheit entfällt, besteht wieder erhöhter Insulinbedarf.

Ein absoluter Insulinmangel darf nie eintreten, da nur bei Vorhandensein von Insulin der Zucker in die Zelle geschleust werden kann. Das völlige Weglassen von Insulin darf daher nie erfolgen!

Wer ein bis zwei Stunden nach dem Essen trainiert, verhindert durch diese Zeitabfolge die Gefahr einer Unterzuckerung. Günstig ist auch die Aufnahme kleiner Kohlenhydratmengen (für 30 Minuten eine halbe BE, z. B. Obst) während einer sportlichen Aktivität die länger als eine Stunde dauert, wie beispielsweise eine Bergwanderung.

Spezielles für den Typ-2-Diabetiker

Generell ist eine gröbere Veränderung der Medikation – ob Insulin oder Tabletten – nur in Absprache mit dem Arzt anzuraten, sodass vor Beginn des Diabetes-Fit-Trainings ein ausführliches Gespräch über die Vorgangsweisen erfolgen soll.

Insulinpflichtig

Für den insulinpflichtigen Typ-2-Diabetiker oder bei Einnahme von Sulfonylharnstoffpräparaten gelten ähnliche Trainingshinweise wie beim insulinpflichtigen Typ-1-Diabetiker. Der Trainingsumfang sollte, um Insulin reduzieren zu können, nur langsam gesteigert werden. Die Gefahr der Unterzuckerung durch sportliche Aktivität ist auch hier gegeben. Schnelle und langsame Energiespender sind griffbereit vorzubereiten und bei länger dauernden Belastungen (über 30 Minuten) präventiv einzunehmen.

Wenn möglich sollte das Training ein bis zwei Stunden nach der Regelmahlzeit (z. B. Frühstück) eingeplant werden. Es empfiehlt sich, am grundsätzlichen Ernährungsfahrplan festzuhalten, auch wenn bewegungsbedingt eine Zwischenmahlzeit einmal notwendig wurde. Entscheidend ist auch hier die Steuerung des Blutzuckers mit Messungen vor, während und nach der Bewegung.

Tabletten

Beim Typ-2-Diabetiker, der mit Tabletten (außer Sulfonylharnstoffe) auskommt, ist ebenfalls ein regelmäßig absolviertes Diabetes-Fit-Training imstande, eine Reduktion der notwendigen Medikamente zu ermöglichen. Der kurzfristige Effekt im Muskel – die Steigerung der Insulinempfindlichkeit – hängt von der Dauer und Art des Trainings ab und kann bis zu zwei Tage anhalten.

Allgemein ersetzt aber Bewegung nicht die Medikamente, sondern ist eine der wichtigen Säulen im Gesamtkonzept der Diabetes-Therapie. Manchmal ist es aber möglich, dass Medikamente gänzlich abgesetzt werden können. Dies darf aber nur mit Einverständnis des Arztes erfolgen. Allein er ist in der Lage, die langfristigen Auswirkungen abzuschätzen. Durch die Selbstmessung des Blutzuckers und des HbA1c-Werts erfolgt die Steuerung der Bewegung, Ernährung und Medikation. Trainieren Sie nicht dann, wenn die eingenommenen Medikamente ihre stärkste Wirksamkeit zur Senkung des Blutzuckers entfalten. Eine Überlagerung der Wirkungen kann ansonsten den Blutzucker zu stark absenken!

Der Diabetiker sollte viel kalorienfreie Flüssigkeit zu sich nehmen und nicht erst warten, bis Durst auftritt. Trinken Sie daher ein Glas Wasser vor dem Training, kontinuierlich während des Trainings im 15-Minuten-Abstand und auch nach dem Training.

Spezielles für Menschen mit gestörter Glukosetoleranz

Wer eine gestörte Glukosetoleranz aufweist, hat bereits eine Insulinresistenz, die ohne Bewegung nur zunehmen und sich zum Typ-2-Diabetes entwickeln kann. Bewegung ist hingegen eine „Wunderpille" gegen die Entstehung von Typ-2-Diabetes und muss genutzt werden. Wer mit einer gestörten Glukosetoleranz systematisch zu trainieren beginnt, senkt sein Diabetesrisiko um bis zu 50 Prozent! Die positiven Auswirkungen durch Abnahme der Insulinresistenz sind innerhalb weniger Tage messbar. Die Selbstkontrolle des Blutzuckers ist daher auch hier sinnvoll und motiviert, das Diabetes-Fit-Training fortzusetzen.

→ Was beim und durch Training zu vermeiden ist

Unterzuckerung

Gefahr

Die Unterzuckerung – oder Hypoglykämie – ist eine ernsthafte Gefahr, die zur Bewusstlosigkeit/Koma samt Folgen führen kann. Ein Hypo im Wasser ist ebenso lebensgefährlich wie beim Bergsteigen etc.

Ursache

Sie trifft hauptsächlich Typ-1- und Typ-2-Diabetiker unter Insulintherapie, seltener aber auch Typ-2-Diabetiker, die z. B. Sulfonylharnstoffpräparate nehmen. Diese Medikamente regen die Insulinausschüttung der Bauchspeicheldrüse an. Fragen Sie daher Ihren Arzt, ob bei der Einnahme Ihrer Medikamente eine Unterzuckerung wahrscheinlich ist. Hauptursache der Hypoglykämie ist zu viel Insulin im Blut, das den Blutzuckergehalt zu rasch absinken lässt. Dadurch kann bei körperlicher Belastung der Blutzuckerspiegel so stark reduziert werden, dass zur Aufrechterhaltung der Gehirntätigkeit die „Notbremse" gezogen wird. Das Gehirn benötigt als Energiequelle für seine normale Funktion ständig Traubenzucker. Durch eine Unterzuckerung sind daher Störungen der Gefühlsebene, Konzentration, Wahrnehmung und Sprache leicht verständlich.

Werte

Eine Hypoglykämie (Unterzuckerung) besteht bei Werten unter 40 mg/dl ohne Begleiterscheinungen und unter 50 mg/dl mit Symptomen.

Kennzeichen

Die Anzeichen für eine Unterzuckerung sind für den Betroffenen nicht immer rechtzeitig zu erkennen und zum großen Teil unspezifisch. Normalerweise zeigen sich Anzeichen erst bei unter 50 mg/dl Blutzucker. Von manchen Diabetikern können die Anzeichen aber auch schon viel früher bei Werten von 80 bis 90 mg/dl beobachtet werden. Dies tritt vor allem dann auf, wenn der Blutzucker über lange Zeit sehr schlecht eingestellt war und die Werte zwischen 250 und 400 mg/dl lagen.[36] Mit fortschreitender Diabetesdauer kann sich auch die Hypowahrnehmung durch den Betroffenen verändern. Daher müssen jene, die mit Diabetikern sportlich aktiv sind, die möglichen Symptome richtig interpretieren können und eine Blutzuckermessung und Traubenzuckereinnahme rechtzeitig veranlassen.

Kennzeichen einer Unterzuckerung sind: Zittern (bei ausgestreckten Armen zittern die Finger), Unruhe, Angst, feuchte, kalte, blasse Haut, Mattigkeit, Schlafbedürfnis, Heißhunger, Schweißausbruch, weiche Knie, Kopf- und Körperschmerzen, Seh- und Sprachstörungen, Konzentrations-, Koordinations- und Gleichgewichtsstörungen, Kribbeln oder Taubheitsgefühl um den Mund, Schwindel, Bewusstseinseintrübung, Krampfanfälle, hoher Puls oder unbegründete Verhaltensänderungen wie Lachen oder Weinen, Disziplinlosigkeit, Aggression etc., Bewusstlosigkeit.

Wie die Liste der Symptome eines Hypos zeigt, sind neben den körperlichen Problemen auch psychische Auswirkungen zu bedenken, die auf die Umwelt wirken. Diese haben nicht selten soziale Rückwirkungen auf den Diabetiker, die bis zur Isolation führen können. Der Vorbeugung eines Hypos ist daher größtes Augenmerk zu schenken.

Risikofaktoren

Risikofaktoren für Hypoglykämien sind

- häufige schwere Unterzuckerung
- lange Diabetesdauer
- gestörte Hypoglykämiewahrnehmung
- geringe/fehlende Insulinsekretion
- normnaher HbA1c
- häufige niedrige Blutzuckerwerte
- nicht funktionales Selbstbehandlungsverhalten
- Einfluss von Begleitmedikamenten und/oder -erkrankungen.[36]

Soforthilfe

Die sofortige Gegenmaßnahme bei einer akuten Hypoglykämie ist die rasche Einnahme von zwei bis 2,5 BE schnell wirksamer Glukose in Form von flüssigem Traubenzucker oder Traubenzuckerplättchen. Werden danach ein bis zwei BE in Form von Obst oder Brot gegeben, ist ein neuerlicher Blutzuckerabfall abzufangen, weil es langsamer aufgenommen wird.

Das Messen des Blutzuckers erfolgt nach der Einnahme des Traubenzuckers und nachdem die Hände gewaschen und abgetrocknet wurden. Durch Zuckerreste auf den Fingern könnten sonst fälschlicherweise zu hohe Zuckerwerte gemessen und daraus verhängnisvolle Konsequenzen gezogen werden (z. B. zusätzliches Insulin spritzen).

Bei Verlust des Bewusstseins wird der Patienten in stabile Seitenlage gebracht, je ein Traubenzuckerstück in die untere Backentaschen zwischen Zahnfleisch und Wange geschoben, und ein Notarzt herbeigeholt. Ist das Bewusstsein wiedererlangt, ist die weitere Gabe von Kohlenhydraten erforderlich. Wichtig ist daher, dass Traubenzucker beim Sport immer griffbereit ist. Besprechen Sie mit Ihrem Arzt den Hypo und was künftig zu tun ist.

Vorbeugen

Bemerkenswert viele Hypoglykämien sind „hausgemacht" durch Fehler in der Insulindosierung oder BE-Berechnung.[1] Um einem Hypo vorzubeugen, muss der Blutzucker vor, während und nach der Belastung kontrolliert werden. Folgende zwei Möglichkeiten, die auch kombiniert werden können, sind zur Vorbeugung anwendbar:

- Reduktion der Insulindosis oder der Medikamente, die „insulinähnlich" wirken (wie z. B. Sulfonylharnstoffpräparate), vor und meist auch nach der sportlichen Aktivität – vor allem, wenn die Belastungsdauer länger als 30 Minuten dauert oder Sport am späten Nachmittag bzw. abends betrieben wird.
- Zufuhr von Kohlenhydraten vor, während und nach der körperlichen Belastung. Als Faustregel gilt eine halbe BE pro 30 Minuten körperliche Aktivität.

In welchem Umfang welche der zwei Möglichkeiten eingesetzt wird, um eine Unterzuckerung zu vermeiden, hängt von der Therapieform, der individuellen Reaktion sowie der körperlichen Belastung ab und ist Erfahrungssache. Die allgemeinen Empfehlungen liegen bei der Insulinreduktion bei ca. zehn bis 20 Prozent. Daher ist das Diabetes-Fit-Tagebuch zur Dokumentation und Analyse so wichtig. Um die Feinsteuerung des „Blutzuckergleichgewichts" erfolgreich zu managen, ist ein vorsichtiges Herantasten an die Auswirkungen der Bewegung notwendig.

Nach einem Hypo ist für die weitere Vorbeugung die Ursachenforschung sehr wichtig: Warum wurden die Anzeichen zu spät, verzerrt oder schwächer wahrgenommen?

Neben Ernährung (zu spät und wenig), Insulin (zu viel und schnelles), Bewegungsausmaß (zu lange und intensiv) sollte auch auf den möglichen Einfluss von Medikamenten (z. B. Betablocker) und Alkohol gedacht werden. Besonders die Kombination Alkohol und Bewegung erhöht stark die Hypogefahr. Während nach dem Sport die Muskelzelle mit Zucker wieder aufgefüllt wird, behindert Alkohol die Zuckermobilisierung aus der Leber. Wenn Sport am Nachmittag oder Abend betrieben wird, ist dies im Hinblick auf einen nächtlichen Hypo besonders zu bedenken.[36]

Wichtig ist, dass einerseits auch lange nach dem Sport noch genügend Insulin im Blut vorhanden ist, sodass noch Zucker in die Zelle transportiert werden kann, andererseits auch nicht zu viel Insulin im Blut ist und damit eine Unterzuckerung provoziert wird. Zuckermanagement bedeutet daher Insulin-, Ernährungs- und Bewegungsmanagement.

Überzuckerung

Das Erkennen, Vorbeugen und der richtige Umgang mit einer Hypo- und Hyperglykämie sind Gegenstand der Diabetikerschulung, die vor Aufnahme sportlicher Aktivität absolviert werden muss.

Blutzuckeranstieg

Steigt der Blutzucker nach dem Sport, liegt eine mögliche Ursache darin, dass zu intensiv belastet wird, also ein zu hoher Belastungsstress vorliegt, und die „Gegen-Hormone" von Insulin einen deutlichen Blutzuckeranstieg bewirken.

Ebenso möglich ist, dass zu wenig Insulin vorhanden ist. Insulin transportiert den Zucker aus dem Blut in die Zellen. Liegt ein Insulinmangel während Bewegung vor, dann steigt der Blutzuckerspiegel, während gleichzeitig die Muskelzellen an Zucker verarmen. Bei der Energiegewinnung kommt es dann zunehmend zum Abbau von Fett (Lipolyse) mit Bildung von Ketonkörpern im Blut. Diese verursachen den charakteristischen Acetongeruch des Atems. Körperliche Aktivität würde diesen Prozess der Übersäuerung noch verstärken.

Liegt daher der Blutzucker vor dem geplanten Training über 250 mg/dl, ist aus Sicherheitsgründen das Training zu verschieben, besonders dann, wenn Harnketon von etwa 2 mmol/l nachgewiesen wird. Ansonsten droht eine so genannte Ketoacidose, die mit Bewusstseinsverlust und Koma verbunden sein kann. Abhilfe schafft die Gabe von Insulin. Wichtig ist auch die Aufnahme von viel Flüssigkeit in Form von Wasser.

Blutzuckerwerte über 250 mg/dl sind meist mit ernsten Anzeichen verbunden, die auf ein beginnendes diabetisches oder ketoacidotisches Koma hindeuten:

- vermehrter Harndrang und Durst
- Bauchschmerzen, Erbrechen, Übelkeit
- tiefe, schwere Atmung
- Acetongeruch des Atems (riecht nach faulem Obst und Nagellack)
- Glukose ist im Urin festzustellen
- Aceton ist im Urin nachweisbar.

Eine hyperglykämische Stoffwechselentgleisung trifft meist unbehandelte oder insulinabhängige Diabetiker, eher seltener Typ-2-Diabetiker.[15]

Der diabetische Fuß

Unterschätzt

Diabetes ist ein völlig unterschätzter Feind der Füße. Gegenüber der gesunden Bevölkerung hat der Diabetiker ein 20fach höheres Risiko für eine Beinamputation. Etwa die Hälfte aller Amputationen trifft Diabetikerbeine.

Die Ursachen liegen in der „Verkalkung" der Blutgefäße in den Füßen und Beinen und daraus folgenden Durchblutungsstörungen. Da Diabetes mellitus auch eine Schädigung der Nerven nach sich ziehen kann, vermindert sich das Schmerz- und Temperaturempfinden. Druckstellen auf der Fußsohle oder Verletzungen der Haut wie etwa Blasen werden nicht rechtzeitig gespürt. Diese offenen Wunden heilen schlecht, und es kommt leicht zu Infektionen, was der Anfang vom Ende des Beins sein kann. Rötungen sind ein Warnsignal, das sehr ernst zu nehmen ist.

Vorbeugen

Es ist daher erforderlich, täglich einmal die Füße zu untersuchen, insbesondere die Sohle. Sollte das alleine nicht gelingen, wird jemand behilflich sein, oder man nimmt einen Spiegel.

Besonders bei Belastungen der Füße, wie es z. B. bei Wanderungen oder in Zusammenhang mit Wasser im Urlaub vorkommt, sind die Füße mit speziellen Salben zu pflegen und mehrmals täglich zu begutachten. Die Socken und Schuhe dürfen nicht zur Blasenbildung beitragen. Barfußgehen sollte vermieden werden. Ist eine Entlastung eines Sohlenpunktes notwendig, gibt es dazu spezielle Einlagen vom Orthopädietechniker. Druckgeschwüre gehören so rasch wie möglich in kompetente medizinische Betreuung. Verletzungen im Wasser sind besonders problematisch, weil sie spät entdeckt werden.

Fußgymnastik

Fußgymnastik fördert die Durchblutung und Beweglichkeit. Sie ist Teil eines täglichen Heimprogrammes, keine Ruheschmerzen oder offene Füße vorausgesetzt.

Vier häufige Trainingsfehler

Weil ein guter Start für die Nachhaltigkeit und Regelmäßigkeit des Trainings von entscheidender Bedeutung ist, ist hier noch auf vier typische Einsteigerfehler hinzuweisen.

Zu hoch

In unserer Hochleistungsgesellschaft sind hohe Ziele gesellschaftlich mehr anerkannt als Mittelmaß und Bescheidenheit. Dies führt leider auch bei Trainingsanfängern oft zu unrealistisch hohen Zielen. Das beste Beispiel dafür sind die Erwartungen zur Gewichtsreduktion, die nach Neujahr formuliert werden. Ergebnis: Es wird sehr bald klar, dass diese nur mit großem Aufwand erreichbar sind. Die Folge: ein weiteres Misserfolgserlebnis, das seine Spuren hinterlässt. Die Erkenntnis daraus: Zum Einstieg Ziele so formulieren, dass man sie mit Einsatz, aber tatsächlich erreichen kann. Dann wird die Leistungsmotivation hoch und dauerhaft sein. Regelmäßig zweimal Training während der Woche sind anfangs genug, wenn man voll im Berufsleben steht. Durch die ersten Erfolgserlebnisse bleibt man dran, und wer regelmäßig trainiert, spürt sicher bald den Nutzen körperlicher Aktivität. Die Positivspirale beginnt sich zu drehen ...

Zu intensiv

Eine zu hohe Belastungsintensität beim Ausdauertraining ist ein typischer Anfängerfehler, der leicht passiert. Anfangs etwas übermotiviert, wird das Bewegungstempo übertrieben. Die Folge, die jeder aus der Schulzeit kennt: Atemnot. Es fehlt die nötige Luft. Man hat das Gefühl, ein Schwächling zu sein, und bekommt den ersten argen Motivationsdämpfer.

Erkenntnis daraus: Besonders moderater Trainingsbeginn. Lieber die ersten paar Male deutlich zu langsam als nur ein bisschen zu schnell. Im subjektiven Anstrengungsempfinden wird eine richtige Belastung zwischen „recht leicht" und „etwas anstrengender" bezeichnet.

Zu viel

Wurden die ersten zwei Fehler nicht gemacht, hat jeder noch die Chance auf den dritten Kardinalfehler: eine zu rasche Steigerung der Trainingsbelastung, weil bisher alles so toll gelaufen ist. Die Folge: schmerzhafte Überforderungen am Bewegungsapparat. Und damit folgen fünf weitere Probleme. Erstens geht einem das Training körperlich und vor allem seelisch ab. Zweitens wird die Gewichtsregulation durch die plötzliche Sportabstinenz negativ beeinflusst. Drittens braucht man sich um den Spott von jenen nicht zu sorgen, die es immer schon gewusst haben, dass Sport eigentlich nur etwas für Sportler ist. Viertens muss man sich einen Arzt suchen, der die richtige Therapie findet. Fünftens muss diese Therapie auch realisiert werden. Das ist oft sehr mühsam und zeitaufwändig. Daher: Es ist ratsam, das Trainingspensum moderat zu steigern.

Zu anders

Trainingspartner sind wichtig und für den Einstieg ein Segen. Wenn die Ziele, Vorstellungen und Voraussetzungen des Begleiters aber völlig anders sind als die eigenen, dann bricht diese Trainingsgemeinschaft erfahrungsgemäß sehr rasch auseinander. Weil man sich ansonsten sehr gut versteht, wird diese Diskrepanz auf die Frage: „Hat es dir wirklich gefallen?“ meist nicht wirklich ehrlich ausgesprochen. Es macht z. B. keinen Spaß, neben einem Alleskönner immer den Zweiten zu spielen. Ehepartner sind dabei besonders gefährdet.

Trainingsverbote

So wichtig körperliche Aktivität für die Gesundheit, Fitness, Lebensqualität des Diabetikers auch ist – es gibt Situationen, in denen es vernünftig und richtig ist, kein Training durchzuführen.

Trainingsverbote ergeben sich zunächst aus der ärztlichen Beurteilung des Herz-Kreislauf-Systems, der Füße, der Augen, der Nieren, möglicher Nervenschäden, des Bewegungsapparates und schließlich der Zuckereinstellung. Es empfiehlt sich daher die regelmäßige medizinische Kontrolle nach Anordnung, zumindest aber einmal jährlich. Wer als Diabetiker nichts über den Zustand seiner Augen weiß, sollte Kraftanstrengungen meiden. Bei Zuckerwerten über 250 mg/dl und Harnketon ist das Training genauso zu verschieben wie bei Ruhe-Blutdruckwerten von über 200/110 mm Hg trotz Einnahme von Medikamenten. Bei Zuckerwerten über 300 mg/dl ist das Training sofort zu beenden, da eine Ketoacidose mit schwerwiegenden Folgen droht! Jede akute Erkrankung, z. B. ein Infekt, stellt ebenso ein Verbot dar, wie ungeklärte Schmerzen, besonders im Brust und Bauchraum (z. B. Angina pectoris). Spürbare Herzrhythmusstörungen oder ungeklärte Schwindelanfälle sind dringend medizinisch abzuklären.

Diabetes-Fit-Training im Alltag und zu Hause

Riesensumme

Die Bewegungsfreundlichkeit unseres Lebens im Alltag lässt zu wünschen übrig. Die Maschine dominiert uns. Es gibt aber immer noch einige Möglichkeiten, die Muskulatur im Alltag mehr zu fordern. Diese Bewegungschancen sollte auch der Diabetiker systematisch nutzen. Der Vorteil wäre, dass „unbemerkt“ über die Jahre eine Riesensumme an Muskelarbeit zusammenkommt, die dazu beiträgt, halbwegs gesund zu bleiben und das biologische Altern zu bremsen. Forschungsergebnisse der letzten Jahre zeigen immer deutlicher, dass bereits wenig intensive, also moderate, aber häufige körperliche Aktivitäten auf die Gesundheit positiv wirken. Körperliche Fitness und damit auch Lebensqualität verlangen dann schon etwas mehr.

Bewegungsrituale können uns von bewegungsfeindlicher Denkarbeit befreien und bewegungsfreundliche Entscheidungen vorwegnehmen. Die Weltgesundheitsorganisation empfiehlt täglich 30 Minuten zu gehen. Das entspricht einer Wegstrecke von zwei Kilometern, die man teilen könnte. Wenn ich anstatt mit dem Auto zum Mittagessen zu fahren gehen würde, hätte ich diese Forderung bereits erfüllt. Praktisch setze ich selbst folgende Bewegungsrituale ein:

Jede Stiege nehme ich aus Prinzip zu Fuß und benutze den Lift nur zum Hinunterfahren. Im Sommer fahre ich auch mit dem Fahrrad in die Arbeit. Die Gartenarbeit erledige ich mit Freude. Das gelieferte Holz trage ich in die Hütte. Den

Schnee räume ich mit einer kleinen Schaufel, um mein Kreuz zu schonen. Wenn ich mit dem Auto vor der roten Ampel stehe, mache ich Kräftigungsübungen. Im Büro stehe ich am Tag hunderte Male auf, weil ich wichtige Ordner nicht in Reichweite habe. Telefonate erledige ich öfters im Stehen. Beim Zäheputzen absolviere ich eine Balance- oder Rückenübung. Unter der Dusche gibt es immer eine Übung zur Dehnung der Brustmuskulatur. Warum es mir gelingt, mich bei diesen Bewegungsritualen gut zu fühlen und Bewegung als kostbare Chance zu empfinden? Weil ich Bewegung für wirklich wichtig halte und unter Bewegungsmangel leide.

Zu Hause

Es ist nur eine Frage der Zeit, bis in jede Wohnung – genauso wie der Fernseher – ein Ergometer, Crosstrainer oder Stepper Einzug hält. Unsere unbiologische künstliche Welt verlangt ebensolche Antworten. Systematisch kleine, aber wirksame Bewegungseinheiten von zehn bis 20 Minuten tagaus, tagein ohne Zeitverluste unabhängig von der Witterung abarbeiten zu können, setzt die entsprechende Gerätschaft, das Wissen und die Motivation voraus. Letztere zwei werden hoffentlich hier vermittelt. In Ergänzung mit dem Besuch einer Diabetes-Fit-Gruppe eines Sportvereins wäre dies eine ideale Kombination, um als Diabetiker seine Gesundheit und Fitness ganzheitlich zu fördern.

Heimprogramm

Für jene, die zu Hause aktiv sein wollen und kein Gruppentraining besuchen können, habe ich auf Seite 118 ein Minimalprogramm zusammengestellt. Variieren Sie, ergänzen Sie, aber absolvieren Sie. Nach den Regeln, wie sie in diesem Buch beschrieben sind.

Mein Diabetes-Fit-Urlaub

Einstieg

Urlaub ist Auszeit. Aber auch Zeit zum Einstieg in eine Fitness- und Bewegungskarriere. Für den Diabetiker hervorragend geeignet erste Schritte einzuleiten, sich Wissen und Schwung für den Alltag zu Hause zu holen. Geeignete Urlaubsangebote für Diabetiker finden Sie dazu auch unter www.gesundheitssport.at

Die Urlaubszeit bietet auf alle Fälle eine gute Gelegenheit, Grundsatzentscheidungen zu treffen, seinen Lebensstil zu überdenken und wenn notwendig neu zu ordnen. Damit nach dem Urlaub die Waage nicht zu viel anzeigt, sollte mit Bewegung entgegengewirkt werden. Neue Chancen auszuprobieren, dazu bietet der Urlaub die ideale Möglichkeit. Aber bitte keine Übertreibungen. Zusätzliche Belastungsfaktoren wie Hitze, Luftfeuchtigkeit und hoher Schweißverlust, Klimawechsel, große Höhen, Wasser, ungewohnte Ernährung etc. sind äußere Stressoren, die auf den Zuckerstoffwechsel enormen Einfluss haben können. Daher: Der Urlaub für den Diabetiker mag klug geplant sein. Motto: Bleib im Gleichgewicht.

Der Diabetes-Fit-Wochenplan

Jede Trainingseinheit beginnt mit einer zehn- bis fünfzehnminütigen Aufwärmphase. Sie beeinhaltet die geistige Einstimmung, Kreislauf in Schwung bringen, Steigerung der Muskeldurchblutung und vorbereitende Dehnungsübungen.

Danach kommt der Hauptteil mit aerobem Ausdauertraining, Kraft- oder Kraftausdauerbelastungen sowie Dehnungs- und Geschicklichkeitsübungen.

Dazwischen werden Lob und Ermutigung zur Stärkung der Motivation sowie Fachinformationen zur Verbesserung des Trainingswissens gegeben, garniert mit nicht zu wenig Humor.

Der fünf- bis zehnminütige Abschluss einer Trainingseinheit dient dem Abkühlen und entspannenden Ausklang.

Idealpläne

Idealpläne als Muster für die Gestaltung einer Diabetes-Fit-Woche könnten nach einer zwei- bis viermonatigen Aufbauphase wie nachstehend beschrieben aussehen. Die Zeitangaben beziehen sich auf die Gesamtdauer des Trainings und beinhalten auch die aktiven Pausen. Für die angestrebten Wirkungen wurden folgende Abkürzungen verwendet:

A = aerobe Ausdauer
K = Kraft/Kraftausdauer
B = Beweglichkeit
G = Geschicklichkeit/Balancefähigkeit/Koordination

Beispiel 1

- Montag: –
- Dienstag: 90 Minuten Diabetes-Fit-Training (A, K, B, G)
- Mittwoch: –
- Donnerstag: –
- Freitag: 90 Minuten Diabetes-Fit-Training (A, K, B, G)
- Samstag: –
- Sonntag: 60 Minuten Wanderung (A, niedriges Tempo)

Beispiel 2

- Montag: –
- Dienstag: 90 Minuten Diabetes-Fit-Training (A, K, B, G)
- Mittwoch: –
- Donnerstag: 60 Minuten Diabetes-Fit-Gymnastik (K, B, G, A)
- Freitag: –
- Samstag: 60 Minuten Senioren-Tanzen (A, G, B)
- Sonntag: 2 x 15 Minuten Wassergymnastik (K, B)

Beispiel 3

- Montag: –
- Dienstag: 90 Minuten Diabetes-Fit-Training (A, K, B, G)
- Mittwoch: –
- Donnerstag: 30 Minuten Schwimmen (A, K)
- Freitag: –
- Samstag: 2 x 60 Minuten Radwanderung (A, sehr niedriges Tempo)
- Sonntag: –

An den freien Tagen könnten zu Hause zumindest 15 bis 20 Minuten auf dem Fahrradergometer mit niedriger Intensität trainiert und Übungen für die Muskelkräftigung oder Verbesserung der Beweglichkeit bzw. Geschicklichkeit/Balancefähigkeit absolviert werden.

Weitere Anregungen und Beispiele finden Sie auf den folgenden Seiten.

Diabetes-Fit-Übungen

Entsprechend der Diabetes-Fit-Pyramide sind im folgenden je sieben Übungen mit einer bestimmten Zielstellung zusammengefasst.

- **Kraft 1** (Matte)
- **Kraft 2** (Theraband)
- **Kraft 3** (Overball im Stehen)
- **Kraft 4** (Overball im Sitzen)
- **Kraft 5** (Partnerübungen im Stehen)
- **Beweglichkeit** (im Stehen)
- **Gleichgewicht/Koordination** (im Stehen)

Bevor Sie jetzt mit Übungen anfangen, haben Sie hoffentlich die entsprechenden Kapitel des Diabetes-Fit-Rezepts durchgelesen, einen ärztlichen Check hinter sich und die Freigabe erhalten.

Wärmen Sie vor den Übungen die Muskulatur aktiv auf.

Kraft

Bei den Kräftigungsübungen ist Vorsicht geboten, wenn Sie Probleme mit Blutdruck, Herz, Augen oder Gelenken und Muskeln haben. Die Übungen zur Verbesserung der Kraft (10-15 Wiederholungen) können auch zur Verbesserung der Kraftausdauer (15-30 Wiederholungen) genutzt werden und haben damit einen hohen gesundheitlichen Wert. Die Dosierung entscheidet, in welche Richtung die Anpassung erfolgt.

Viele Übungen bestehen aus einem dynamischen und statischen Teil. Diese Kombination ist meiner Erfahrung nach besonders effektiv. Wenn die Übung das Halten einer Stellung verlangt, verharren Sie etwa zwei Atemzüge oder drei bis sechs Sekunden in der Position. Versuchen Sie bewusst ein hohes Spannungsgefühl in der beanspruchten Muskelgruppe zu entwickeln. Dieser Spannungsreiz ist entscheidend für den Muskelaufbau. Liegen allerdings gesundheitliche Einschränkungen und Bedenken vor, dann wählen Sie im Zweifelsfall lieber ohne Halteposition (!) einen niedrigeren Widerstand und dafür eine höhere Wiederholungszahl (lieber 15-30 Wiederholungen anstatt zehn mit hohem Widerstand).

Grundsätzlich gilt: Atmen Sie bei der Belastung aus, halten Sie nie den Atem an, pressen Sie nicht. Führen Sie die Bewegungen kontrolliert und langsam bis zügig aus. Keine Übung darf Schmerzen bereiten. Sollte eine Übung aus irgendeinem Grund für Sie unmöglich oder einfach unangenehm sein, dann lassen Sie diese einfach aus und wählen eine andere.

Beweglichkeit

Kräftigung erfordert eine Muskelanspannung. Bei den Übungen zur Verbesserung der Beweglichkeit hingegen sollte ein deutliches Dehnungsgefühl, aber kein Schmerz auftreten. Verharren Sie in der Dehnposition ruhig und mehr als 15 Sekunden. Zählen Sie mit! Zerren und wippen Sie nicht.

Gleichgewicht

Gleichgewichtsübungen werden Ihnen ein schnelles Erfolgserlebnis vermitteln. Verharren Sie in der Position je nach Gutdünken, aber zumindest zehn bis 20 Sekunden. Sie können die Übungen erschweren, indem Sie zunächst ein und später beide Augen zumachen. Sie werden dabei eindrucksvoll merken, wie sehr unser Gleichgewichtsvermögen von der visuellen Rückmeldung abhängt. Fortschritte werden rasch eintreten. Die Zeitdauer, bis Sie die Balance verlieren, wird deutlich zunehmen. Achten Sie dennoch auf die mögliche Sturzgefahr.

Übungsausführung und Dosierung

Bei jeder Übung wurde das Ziel und die betroffene Muskelgruppe beschrieben, sodass selbst überprüft werden kann, ob die Durchführung richtig ist. Tasten Sie sich an Ihre individuell richtige Belastungsdosis heran. Untertreiben Sie zu Beginn.

Bewusst wurden relativ einfache Übungen und unterschiedliche Voraussetzungen gewählt, sodass wirklich jeder für sich geeignete Aktivitäten finden kann. Auf umfangreiche Übungsbeschreibungen wurde verzichtet, da sie in der Praxis oft mehr verwirren als nützen. Es ist zu hoffen, dass die gewählte Darstellungsform mit den Pfeilen und dem kurzen Erklärungstext die Übung rasch und eindeutig vermittelt. Sollte dies nicht der Fall sein, dann können die Workshops von ASKÖ-FIT und Übungsleiter die offenen Fragen klären.

Einfache Handgeräte bringen Abwechslung und sollen Ihnen vermitteln, dass jeder sein kleines Fitnessstudio zu Hause haben kann. Therabänder und Overbälle erhalten Sie im guten Fachhandel. Weitere Informationen finden Sie auch unter **www.gesundheitssport.at** – aber auch leere Plastikflaschen können mit Wasser oder Sand gefüllt als Hantel dienen. So erfährt Müll eine neue wertvolle Bestimmung. Als Ersatz für spezielle Krafttrainingsgeräte zur Verbesserung der Maximalkraft können Sie aber natürlich nicht dienen. Dafür sind sie kostengünstiger und ständig zur Verfügung.

Kraft 1 – Matte

1 Gesäß- und Oberschenkelmuskulatur

Heben Sie in der Rückenlage das Gesäß hoch und strecken Sie wie abgebildet das Bein links und rechts im Wechsel.

Bauchmuskulatur 2

Rollen Sie sich aus der Rückenlage so weit auf, dass ein deutliches Spannungsgefühl in der geraden Bauchmuskulatur zu spüren ist. Ausatmen bei Belastung!

3 Gesäß- und Rückenmuskulatur

Heben Sie in Bauchlage links und rechts im Wechsel das gestreckte Bein langsam einige Zentimeter über den Boden, halten und wieder ablegen.

4 Beinabspreizmuskulatur

Heben Sie in Seitenlage das gestreckte Bein bei gestrecktem Körper seitlich wie abgebildet langsam hoch. Danach Seitenwechsel.

5 Arm-, Rücken-, Gesäß- und Beinmuskulatur

Bringen Sie aus der Bankstellung das linke Bein und den rechten Arm gleichzeitig in die Waagrechte, halten, in die Ausgangsposition zurückkehren und danach mit rechtem Bein und linkem Arm.

6 Beinanziehe- und Oberschenkelstreckmuskulatur

Überkreuzen Sie im Strecksitz die gestreckten Beine und drücken Sie den Overball zwischen dem linken und rechten Fußrist zusammen. Ruhig weiteratmen, keine Pressatmung! Danach Seitenwechsel.

7 Rücken-, Arm- und Schultermuskulatur

Heben Sie in Bauchlage mit aufgelegter Stirn beide zur Seite gestreckten Arme gleichzeitig hoch, halten, ablegen, wieder hochbringen usw.

✖ Kraft 2 – Theraband

Ausgangsposition ist bei allen Übungen die Schrittstellung. Das Theraband sicher in der Hand fixieren. Die Bewegung langsam ausführen, in der Endposition gegen den Widerstand des Bandes zwei Atemzüge lang verharren, dann langsam wieder in die Ausgangsposition zurückkehren. Danach die Übung wiederholen.

1 Armstrecker und Rückenmuskulatur

Ziehen Sie vor der Brust das Theraband langsam auseinander.

2 Armbeuger und Schultermuskulatur

Ziehen Sie wie abgebildet das Theraband nach vor.

3 Schulter- und Rückenmuskulatur

Ziehen Sie hinter dem Rücken wie abgebildet das Theraband auseinander.

4 Armbeuger und Gleichgewichtsvermögen

Ziehen Sie das Theraband mit beiden Händen langsam nach oben und leisten Sie gleichzeitig mit dem Oberschenkel Widerstand.

5 Armstrecker und Schultermuskulatur

Ziehen Sie das Theraband senkrecht auseinander.

6 Arm-, Schulter- und Rückenmuskulatur

Ziehen Sie hinter dem Kopf das Theraband auseinander.

7 Armbeuger, Brust- und schräge Bauchmuskulatur

Ziehen Sie mit beiden Armen das Theraband schräg nach oben.

Kraft 3 – Overball im Stehen

Ausgangsposition ist bei allen Übungen die Schrittstellung. Den Overball langsam zusammendrücken, in der Endposition zwei Atemzüge lang verharren, dann langsam wieder in die Ausgangsposition zurückkehren. Keine Pressatmung. Dann die Übung wiederholen.

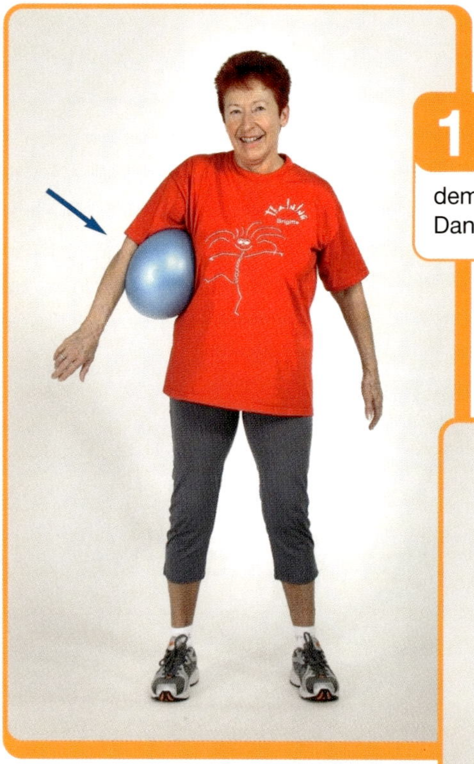

1 Rückenmuskulatur

Drücken Sie den Overball mit dem Oberarm gegen den Brustkorb. Danach Seitenwechsel.

2 Schräge Bauchmuskulatur, Brust- und Armmuskulatur

Drücken Sie mit der rechten Hand den Overball gegen den linken Oberschenkel. Danach Seitenwechsel.

3 Armbeuger- und strecker

Drücken Sie zwischen den Handflächen den Overball zusammen.

4 Schulter, Rückenmuskulatur

Führen Sie den Overball wie abgebildet möglichst weit nach hinten oben, ohne mit dem Oberkörper nach vorne auszuweichen.

5 Hüftbeuger, schräge Bauchmuskulatur und Gleichgewichtsvermögen

Drücken Sie im Einbeinstand mit der linken Hand den Overball gegen den rechten Oberschenkel. Danach Seitenwechsel.

6 Armbeuger, Rückenmuskulatur

Drücken Sie den Overball gegen das Gesäß.

7 Hand-, Arm- und Schultermuskulatur

Fassen Sie kräftig den Overball und ziehen Sie ihn auseinander.

Kraft 4 – Overball im Sitzen

Den Overball langsam zusammendrücken, in der Endposition zwei Atemzüge lang verharren, dann langsam wieder in die Ausgangsposition zurückkehren. Keine Pressatmung, bei Belastung weiteratmen. Dann die Übung wiederholen.

1 Beinanziehemuskulatur

Drücken Sie mit Unterstützung der Arme den Overball zwischen den Oberschenkeln zusammen.

2 Armbeuger, Schultermuskulatur

Ziehen Sie mit den Armen den Rücken so gegen die Stuhllehne, dass der Overball zusammengedrückt wird.

3 Beinstrecker und Beinanzieher

Überkreuzen Sie die gestreckten Beine und drücken Sie den Overball zwischen dem linken und rechten Fußrist zusammen. Ruhig weiteratmen, keine Pressatmung! Beine wechseln. Danach Seitenwechsel.

4 Schräge Bauchmuskulatur

Drücken Sie den Overball zwischen dem rechten Ellbogen und dem linken Oberschenkel zusammen. Danach Seitenwechsel.

5 Rücken- und Nackenmuskulatur

Drücken Sie den Overball zunächst sanft (!) und dann zunehmend fester – aber immer vorsichtig – gegen den Nacken/Hinterkopf.

6 Armstreck- und Beugemuskulatur

Drücken Sie den Overball zwischen den Handflächen zusammen.

7 Arm-, Schulter-, Gesäß- und Rückenmuskulatur

Schrittausfallstellung vor dem Sessel. Heben Sie das gestreckte rechte Bein und den linken Arm so, dass eine Gerade entsteht. Danach Seitenwechsel.

Kraft 5 – Partnerübungen im Stehen

Partnerübungen motivieren und unterstützen. Sie verlangen aber Einfühlungsvermögen, damit jeder auf seine Rechnung kommt und niemand überfordert wird. In der Endposition zwei Atemzüge lang verharren, dann langsam wieder in die Ausgangsposition zurückkehren. Keine Pressatmung, bei Belastung weiteratmen. Dann die Übung wiederholen.

1 Armmuskulatur, schräge Bauchmuskulatur

Schrittstellung. Die Handflächen drücken wie abgebildet (Deckel auf dem Topf) gegeneinander. Danach Seitenwechsel.

2 Gesäß- und Rückenmuskulatur

Führen Sie das gestreckte Bein wie abgebildet hoch, bis Oberkörper und Bein eine Linie bilden, Gesäß anspannen, ruhig weiteratmen. Übung wiederholen. Danach Seitenwechsel.

3 Arm- und Schultermuskulatur

Während Person A mit den Handflächen nach innen drückt, drückt Person B mit den Handrücken nach außen. Ruhig weiteratmen! Danach Seitenwechsel.

4 Gesäßmuskulatur und Beinstrecker

Fester Griff. Langsame Halbkniebeugen.

5 Armbeuger und Armstrecker

Während auf der linke Seite die Hände der beiden Partner gegeneinander drücken, wird auf der rechten Seite versucht, den Partner zu sich zu ziehen. Danach Seitenwechsel.

6 Beinabspreizmuskulatur

Die beiden Partner lehnen sich aneinander oder stützen sich ab und ziehen gleichzeitig – ohne in der Hüfte zu beugen – das äußere Bein ab. Danach Seitenwechsel.

7 Beinhebemuskulatur

Die beiden Partner lehnen sich aneinander oder stützen sich ab und heben gleichzeitig den Oberschenkel bis zur Waagrechten. Danach Seitenwechsel.

Beweglichkeit – im Stehen

Nach dem Erreichen der abgebildeten Übungspositionen soll ein deutliches Dehnungsgefühl in der beschriebenen Muskulatur (punktierter Bereich •••••••••••••••••) spürbar werden. Die Pfeile geben die Richtung der Bewegung an, die zur Dehnung führen. In der Endposition zehn bis 20 Sekunden verharren. Danach Seitenwechsel und noch einmal die Übung wiederholen. Dehnungsübungen nur in aufgewärmtem Zustand durchführen.

1 Waden, Brustmuskulatur, Schulter

3 Brustmuskulatur, Schulter

2 Oberschenkelrückseite

Hüftbeuge-muskulatur 4

5 Oberschenkel-vorderseite

6 Ober-schenkel-innenseite

7 Schulter

Gleichgewicht/Koordination – im Stehen

Wer sich bei Gleichgewichtsübungen sehr unsicher ist, sollte am Beginn als Hilfe einen Tisch oder Sessel zum Abstützen verwenden. Versuchen Sie die dargestellten Endpositionen für einige Zeit einzunehmen, ohne das Gleichgewicht zu verlieren. Wollen Sie die Anforderungen erhöhen, schließen Sie zuerst ein Auge und später sogar beide.

1 Kräftigt auch die Waden- und Rückenmuskulatur.

2

3 Kräftigt auch die Bein- und Rückenmuskulatur.

4 Kräftigt auch die Beinheber.

5 Kräftigt auch die Beinabspreizmuskulatur.

6 Kräftigt auch die Arm- und Rückenmuskulatur.

7

Fußgymnastik

Fußgymnastik dient zur Aktivierung der Fußmuskulatur und ist Teil der gesamten Fußpflege. Die einfachsten Übungen als kleine Auswahl sind hier dargestellt.

1 Fußspitzen gleichzeitig zum Schienbein ziehen.

2 Fußspitzen abwechselnd links, rechts zum Schienbein ziehen.

3 Fußkreisen

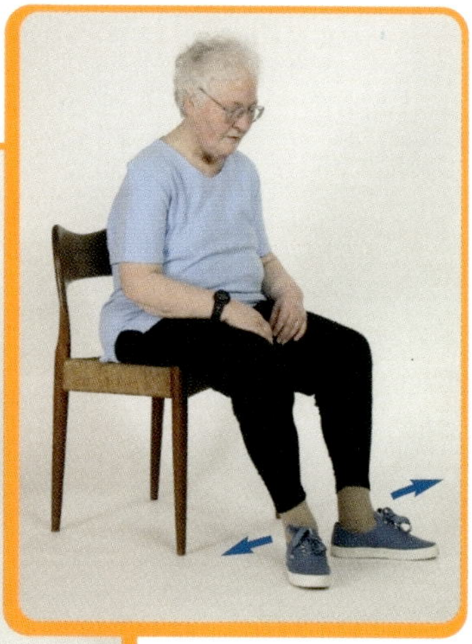

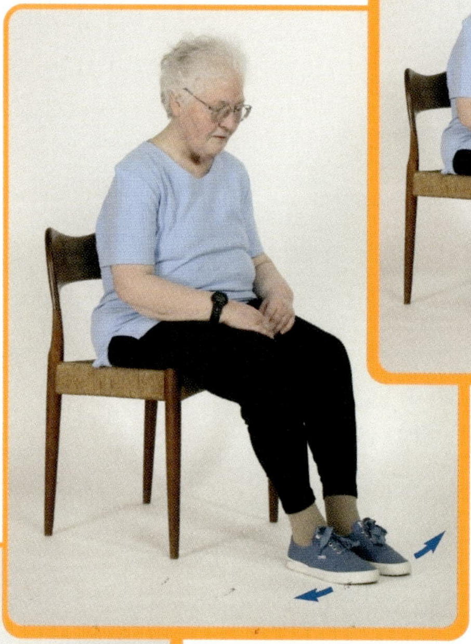

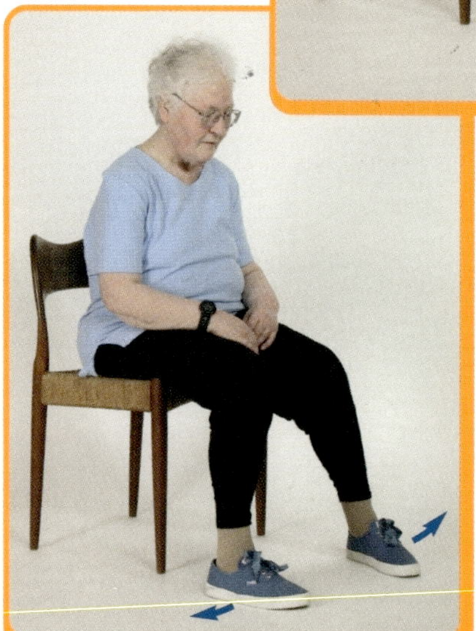

4 Fußkoordinationsübung

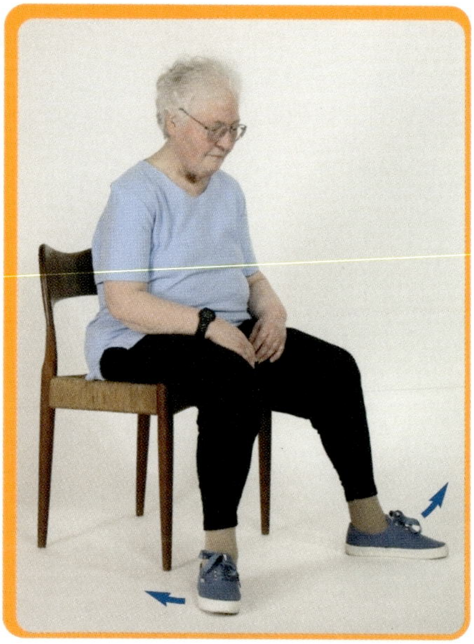

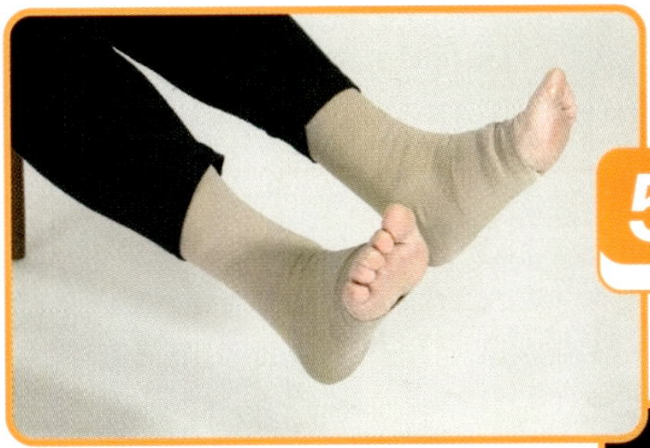

5 Fußspitzen gleichzeitig zum Schienbein ziehen.

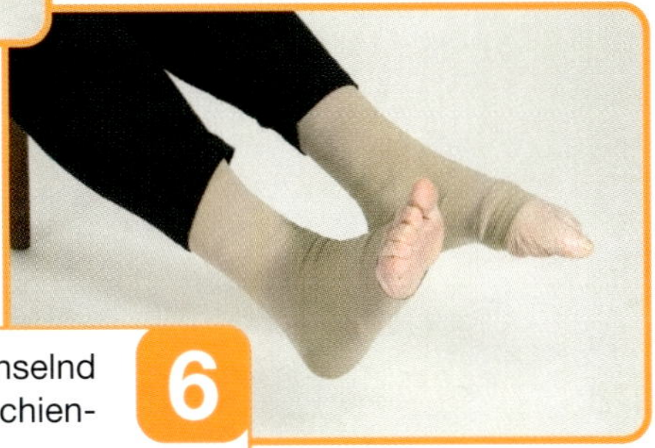

6 Fußspitzen abwechselnd links, rechts zum Schienbein ziehen.

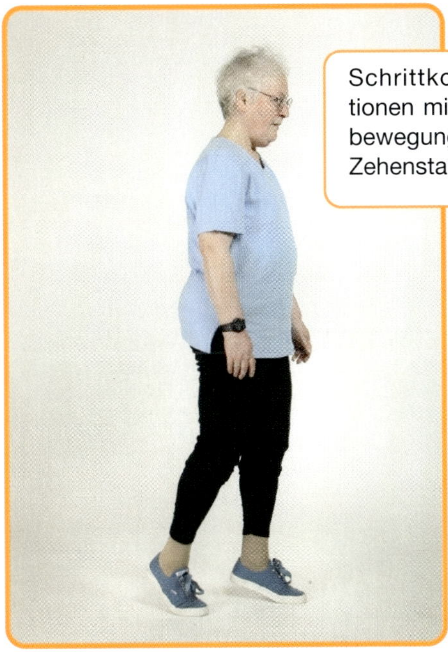

7 Schrittkombinationen mit Abrollbewegung in den Zehenstand.

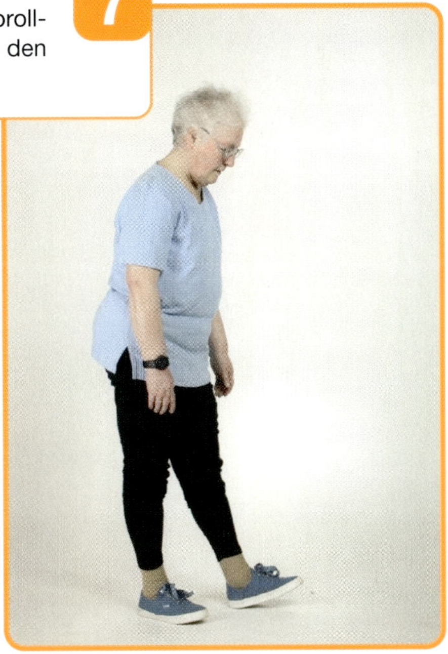

Die 7 Diabetes-Fits für zu Hause

Wenn das Okay vom Arzt vorhanden, die Trainingsherzfrequenz festgelegt, der Blutzucker gemessen wurde und zwischen 100 und 250 mg/dl liegt, eine Trainingseinweisung bereits erfolgt ist und auch sonst kein Trainingsverbot gegen Bewegung spricht, dann kann das Heimtraining nach dem Diabetes-Fit-Rezept, wie es bisher beschrieben wurde, gestartet werden. Die sieben Diabetes-Fits bestehen entsprechend der Diabetes-Fit-Pyramide aus den Bausteinen

- **A: Ausdauer**
- **K: Kraft/Kraftausdauer**
- **B: Beweglichkeit**
- **G: Gleichgewicht/Koordination.**

Voraussetzung ist ein Heimfahrrad oder Crosstrainer für das Ausdauertraining.

Glauben Sie mir, eines der beiden Geräte ist sicher eine gute Investition. Das Fitnessgerät ist als Möbelstück zu verstehen. Der riesige Vorteil ist die Unabhängigkeit von der Witterung und die exakte Dosierbarkeit des Ausdauertrainings.

Für die Durchführung der 7 Diabetes-Fits sollten Sie Folgendes beachten:

- Wählen Sie aus den vorhergehenden Seiten K-B-G-Übungen aus, die Sie kennen, können und mögen, oder jene, die Ihnen ausdrücklich empfohlen wurden.
- Keine Übung soll Schmerzen oder Missempfinden bereiten.
- Subjektiv sollten Sie die Gesamtbelastung als leicht empfinden.
- Vergessen Sie bei den Kräftigungsübungen nicht auf die Ausatmung!
- Ist ein Traubenzucker für den Ernstfall griffbereit und eine andere Person in der Nähe?
- Rechnen Sie mit einer Gesamtdauer von ca. 30 Minuten.
- Wenn Sie am Beginn Ihrer Diabetes-Fit-Karriere stehen, beginnen Sie einfach mit der halben Dosierung.
- Wollen Sie den Trainingsumfang erhöhen, dann machen Sie jede B-K-G-Übung zweimal.

1. **A:** 7 Min. Fahrradergometertraining
2. **K:** 1-2 Kräftigungsübungen
3. **A:** 7 Min. Fahrradergometertraining
4. **B:** 1-2 Dehnungsübungen
5. **K:** 1-2 Kräftigungsübungen
6. **A:** 7 Min. Fahrradergometertraining
7. **G:** 1-2 Gleichgewichtsübungen

Gesundheitspolitik
braucht Bewegung

Fakten zum Handeln

Von der Politik kann verlangt werden, dass sie Notwendigkeiten erkennt und gesellschaftliche Veränderungen aufgrund von Fakten mitbestimmt.

Die Weltgesundheitsorganisation (WHO) schätzt, dass sich weltweit die Anzahl der Diabetiker von 154 Millionen im Jahr 2000 auf etwa 300 Millionen im Jahr 2025 verdoppeln wird.[21] Der Typ-2-Diabetes wird als weltweite Epidemie bezeichnet und als einer der größten Herausforderungen des öffentlichen Gesundheitssystems in den nächsten Jahrzehnten gesehen.

Für Europa schätzen WHO-Experten die Anzahl der erwachsenen Diabetiker auf ca. 22,5 Millionen. Der durchschnittliche Bevölkerungsanteil der Diabetiker wird in der EU derzeit (2006) auf 7,8 Prozent geschätzt, für 2025 erwartet man 9,1 Prozent. Dazu kommen rund zehn bis elf Prozent mit der Diabetes-Vorstufe einer gestörten Glukosetoleranz.[28] Somit werden etwa 20 Prozent der EU-Bürger ein „ernsthaftes Zuckerproblem" mit all seinen Konsequenzen im Bereich der Herz-Kreislauf-Erkrankungen haben.

Besonders besorgniserregend ist, dass immer mehr Menschen in der ersten Lebenshälfte vom Typ-2-Diabetes betroffen sind. Dies trifft sogar schon auf Kinder und Jugendliche zu.[21]

Eine der unmittelbaren Hauptursachen ist starkes Übergewicht. Bereits 27 Prozent der Männer und 38 Prozent der Frauen werden in der EU als übergewichtig bezeichnet.[32] In den USA sind 35 Prozent der Bevölkerung übergewichtig und 30 Prozent (!) adipös.[21] Es besteht die berechtigte Sorge, dass diese Entwicklung auch Europa

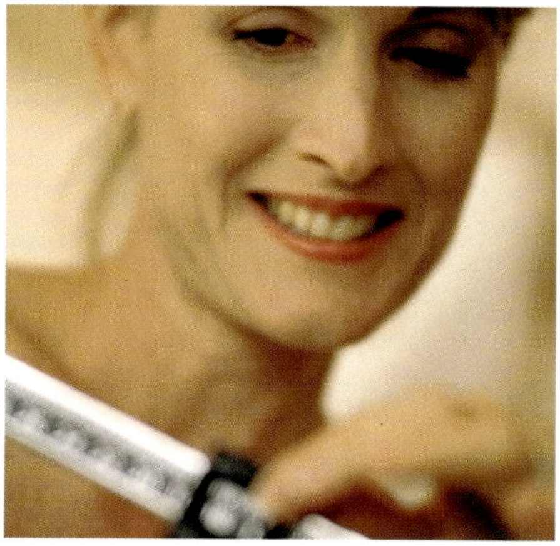

erreichen wird, wenn keine wirksamen Gegenmaßnahmen gesetzt werden.

In Österreich sind 9 Prozent der erwachsenen Bevölkerung adipös (BMI > 30 kg/m²) und weitere 37 Prozent übergewichtig (BMI > 25 kg/m²). Ein Ost-West-Gefälle prägt die starken regionalen Unterschiede. Jedes zehnte Kind ist übergewichtig und jedes zwanzigste Kind adipös.[21] In Europa werden 14 Millionen Kinder als übergewichtig und drei Millionen als fettleibig bezeichnet. Der Anteil in den nördlichen Ländern liegt bei zehn bis 20, während im Süden bis zu 30 Prozent registriert wurden.[37]

In Deutschland lag der Anteil der Diabetiker in der Bevölkerung 1955 bei 0,3, 2005 betrug er 5,6 und für 2010 wird mit zehn Prozent gerechnet. 16 Prozent weisen eine gestörte Glukosetoleranz auf. Nur 60 Prozent haben einen normalen Glukosestoffwechsel.[33]

In Österreich gibt es rund 300.000 Diabetiker. Noch einmal so viele dürften an

Diabetes oder einer Vorstufe leiden, ohne es zu wissen. In Europa liegt die Dunkelziffer bei geschätzten 60 bis 100 Prozent der bekannten Typ-2-Diabetiker.[21] Die mit Diabetes mellitus verbundenen Erkrankungen und Komplikationen wie Herzinfarkt, Schlaganfall, Nierenversagen, Amputationen, Erblindung führen zu enormen Folgekosten und hohen Sterblichkeitsraten. Geschätzte eine Milliarde Euro wird dafür in Österreich derzeit (2005) aufgewendet. Laut internationalen aktuellen Studien erhalten nur 25 Prozent der Patienten eine richtige umfassende Therapie.[22]

Lebensstil entscheidet

Neben den genetischen Faktoren ist vor allem die Lebensweise für die epidemische Ausbreitung des Typ-2-Diabetes verantwortlich. Neueste Studien zeigen, dass Maßnahmen wie Ernährungsumstellung und regelmäßige Bewegung zur Prävention des Typ-2-Diabetes und Begrenzung des Problems von größter Bedeutung sind. Auch in der Therapie des manifesten Typ-2-Diabetes ist vernünftigerweise zuerst den nichtmedikamentösen Maßnahmen der Vorzug zu geben.[22] Die neuesten Therapie-Leitlinien geben daher in Österreich vor, dass in den ersten drei Monaten nach Entdeckung des Typ-2-Diabetes primär die Veränderung des Ernährungs- und Bewegungsverhaltens mit einer Gewichtsreduktion angestrebt werden soll. Es gibt gesicherte Belege dafür, dass Lebensstilveränderungen einen höheren Einfluss auf die Neuerkrankungs- und Komplikationsrate haben als Medikamente und Operationen. Bei Personen mit gestörter Glukosetoleranz konnte die Diabetes-Neuerkrankungsrate durch intensive Lebensstilmaßnahmen um bis zu 60 Prozent verringert werden, während medikamentöse Maßnahmen bei etwa gleichen Kosten nur eine Verringerung um 31 Prozent zustande brachten.[18]

Prävention des Typ-2-Diabetes

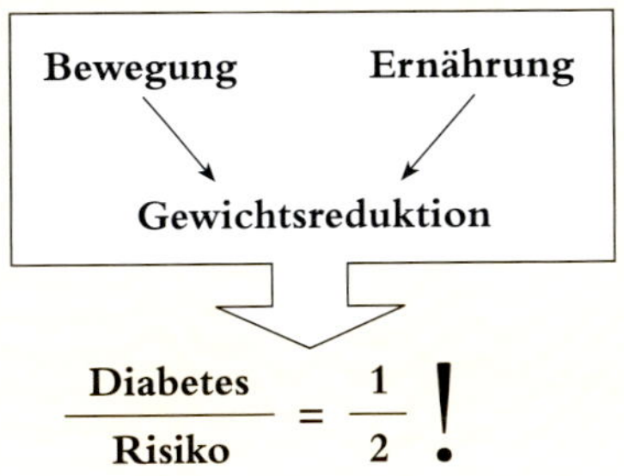

Bewegung

Wie wichtig besonders die Bewegungsförderung ist, veranschaulicht folgendes Ergebnis einer österreichischen Mikrozensus-Sondererhebung.

Diabetiker ernähren sich zwar gesünder als Nicht-Diabetiker. Diabetiker bewegen sich aber signifikant weniger als die nichtdiabetische Bevölkerung.[21]

Unterstrichen wird dieses Ergebnis durch folgende Überlegung: Diabetes unterliegt in Österreich einem Ost-West-Gefälle und die wichtigsten Zielorte sind die Großstädte, allen voran die Bundeshauptstadt Wien. Ist es nicht sehr plausibel, dass vor allem chronischer Bewegungsmangel – bedingt durch die unterschiedlichen natürlichen Bewegungsbedingungen – einen wesentlichen Anteil am Problem Typ-2-Diabetes hat?

Eine Vielzahl von Studien zeigt die hervorragende Bedeutung der Bewegung für die Prävention der „Wohlstandserkrankung" Typ-2-Diabetes mellitus.

Es besteht wissenschaftliche Übereinstimmung darüber, dass Bewegung ein entscheidendes und vielfältiges Präventions- und Therapiepotenzial aufweist. Künftig wird es sich daher kein Krankheits- oder Gesundheitssystem leisten können, Bewegungstraining nicht gezielt zu nutzen.

Kosten und Diabetes

Studien in den USA zeigen, dass die Gesundheitskosten für adipöse Erwachsene um 37 Prozent höher liegen als bei normalgewichtigen Personen.[32]

Eine 8-Länder-Studie in Europa weist für Typ-2-Diabetes-Patienten direkte medizinische Kosten von durchschnittlich 2834 Euro pro Jahr aus. Dies ergibt bei einem Anteil von drei Prozent an Typ-2-Diabetikern in der Gesamtbevölkerung rund fünf Prozent der gesamten Gesundheitsausgaben![21] In Österreich werden Kosten je nach Bundesland von etwa 1000 bis 5000 Euro angegeben.

Auf Österreich übertragen würden die medizinisch direkt verursachten Kosten bei etwa 300.000 Diabetikern rund 850 (!) Millionen Euro betragen. Rechnet man dazu die Kosten der noch nicht entdeckten Diabetiker, liegen wir weit über der bereits erwähnten Euro-Milliarde.

Daten des österreichischen Hauptverbandes der Sozialversicherungsträger zufolge wurden im Jahr 2003 Anti-Diabetika 2.869.000-mal mit einem finanziellen Gesamtaufwand von 67.293.422 Euro verordnet. Das entspricht einem Anteil von 3,3 Prozent aller bezahlten Heilmittel. Tendenz steigend.[21]

Geschulte Diabetiker kosten über 1000 Euro weniger als nichtgeschulte, was vor allem auf den Rückgang von Niereninsuffizienz, Fußgeschwüren und Amputationen zurückgeführt wird.[21]

Typ-2-Diabetes und diabetisch bedingte Gefäßkrankheiten verursachten in Österreich 1998 die dritthöchsten stationären Behandlungskosten mit rund 140 Millionen Euro. Nur koronare Herzkrankheiten mit 452 Millionen und Wirbelsäulenerkrankungen mit 157 Millionen Euro belasteten das Budget noch mehr.[35]

In der gleichen Studie wird bei Typ-2-Diabetes und diabetisch bedingten Gefäßkrankheiten eine Kostenersparnis von 32 Millionen Euro durch die sportliche Aktivität der Bevölkerung errechnet. Dem zugrunde gelegt wurden 40 Prozent der Österreicher, die sich zumindest ein- bis zweimal wöchentlich sportlich betätigen. Sollte es gelingen, zumindest einen Teil der noch inaktiven 60 Prozent Österreicher zu vermehrter Bewegung anzuregen, könnte aus meiner Sicht das jährliche Einsparungspotenzial im Bereich des Typ-2-Diabetes und diabetisch bedingter Gefäßkrankheiten auf hochgerechnete 48 Millionen Euro gesteigert werden.[35]

Unumstößliche Fakten

Wenngleich diese Zahlen zunächst unglaublich klingen und zum Teil konstruierte Schätzungen sind, werden folgende Fakten unumstößlich:

- Bewegung und damit auch sportliche Aktivität ist von der wichtigsten Nebensache der Welt aus menschlichen und ökonomischen Gründen zu einer gesamtgesellschaftlichen Notwendigkeit aufgerückt.
- Da körperliche Inaktivität immer mehr den normalen Arbeitsalltag prägt, wird die bewegungsfreundliche Lebenswelt- und Lebensstilgestaltung zu einem immer größer werdenden Muss für alle Altersgruppen. Auch für Diabetiker sind daher die Möglichkeiten zur sportlichen Aktivität gezielt zu fördern und mehr „Bewegungsverantwortlichkeit“ auf allen Ebenen einzufordern.

Auf die enorme Bedeutung körperlicher Aktivität weist seit 1994 die Kölner Deklaration des Weltverbandes der Sportmedizin und der Weltgesundheitsorganisation hin. Dort heißt es u. a.: „Körperliche Inaktivität stellt einen jener Risikofaktoren dar, die am häufigsten einen vorzeitigen Tod begünstigen. Die Todesfälle in Verbindung mit Bewegungsmangel sind nach internationaler Auffassung etwa in der gleichen Größenordnung zu sehen wie jene, die durch Zigarettenrauchen verursacht sind. Körperlich inaktive Personen erleiden doppelt so häufig z. B. einen Herzinfarkt wie vergleichbare Personen mit einem aktiven Lebensstil. Jedes Kind und jeder Jugendliche in der Welt sollten die Gelegenheit zur Teilnahme an täglichem Spiel oder organisierten Sportprogrammen haben, um daraus eine lebenslange Gewohnheit zu entwickeln. Alle Erwachsenen sollten sich an einen körperlich aktiven Lebensstil gewöhnen und wenigstens 30 Minuten täglich eine mäßige körperliche Belastung auf sich nehmen."[12] Es erhebt sich nun die Frage: Welche Konsequenzen haben bisher all diese Fakten und Forderungen? Was muss getan werden, dass die Politik die Bedeutung körperlicher Aktivität ernster nimmt?

Wir multimorbiden Alten

Aus ganzheitlicher Sicht bedeutet die Veränderung der Alterspyramide schon ab 2015 eine noch nie da gewesene Alterung der Gesellschaft. Schon im Jahr 2030 wird der Prozentsatz der über 65-Jährigen um zehn Prozent auf rund ein Viertel der Bevölkerung klettern. Gleichzeitig sinkt der Anteil der Kinder und Erwerbstätigen um insgesamt 9 Prozent. Damit geht eine Schere auf, die sich auf die Altenversorgung massiv auswirken wird. Die Lebenserwartung wird sich von 82 auf 86 Jahre erhöhen, die Anzahl der über Achzigjährigen „explodieren". Ob gleichzeitig ein selbstbestimmtes Leben in Würde möglich ist, wenn die physische, psychische und soziale Fitness vernachlässigt wird, ist zu bezweifeln. Wenn die vielen multimorbiden Alten und Hochbetagten teure medizinische Leistungen beanspruchen wollen, ist absehbar, dass Verteilungskämpfe bevorstehen. Wer bekommt z. B. die lebensrettende Herzoperation, die Schlaganfallrehabilitation, die Nierentransplantation, die aufgrund des langjährigen Übergewichts

notwendig gewordene künstliche Hüfte oder die notwendigen Medikamente? Über 90-Jährige verbrauchen ca. fünfmal so viele Packungen an Medikamenten wie der durchschnittliche Österreicher! Damit kein Missverständnis entsteht: Ich selbst werde 2030 zu den betroffenen Alten gehören und wünsche mir, dass eine Verteilungsgerechtigkeit der medizinischen Hilfeleistungen herrscht.

Die Pflege alter Menschen erfolgt derzeit in der Mehrzahl noch in der Familie, etwa 15 Prozent sind in Heimen.

2004 waren in Österreich 350.000 Personen Pflegegeldbezieher, davon 290.000 über 60 Jahre. Rund um den 80. Geburtstag steigt das Pflegerisiko deutlich an. 50 Prozent der über 80-Jährigen sind als Pflegefall zu bezeichnen.

Prognosen gehen davon aus, dass der Anteil der Pflegefälle in der Bevölkerung durch die Überalterung bis 2010 gegenüber 2004 um 15, bis 2030 um ca. 65 und bis 2050 um ca. 125 Prozent zunehmen könnte, wenn die Alten und Hochbetagten nicht fitter, gesünder werden und damit selbstständig bleiben.[30] Wenn künftig zusätzlich der Anteil der Jungen in der Bevölkerung sinkt, wird die Belastung der Pflegesysteme deutlich zunehmen. Beispielsweise wird dann die zeit- und kostenintensive Betreuung eines Beingeschwürs vermutlich nicht mehr für alle sofort möglich sein. Überforderungszustände auf sozialer, physischer, psychischer und ökonomischer Ebene sind vorprogrammiert!

Bewegung bringt Millionen

Die jährlichen Kosteneinsparungen in allen Krankheitsbereichen durch die aktuelle sportliche Aktivität der österreichischen Bevölkerung wird insgesamt mit etwa 265 Millionen Euro beziffert. Dieser Betrag berücksichtigt bereits die Sportunfallfolgekosten! Realistisch ist eine Verdopplung dieser Einsparungen, wenn die aktuell 60 Prozent sportlich inaktiven Menschen vermehrt Bewegung in ihren Alltag integrieren würden.

Mit der Zunahme der Finanzierungsprobleme des Gesundheitswesens wurde eine Entwicklung eingeleitet, die öffentliche Entscheidungsträger mehr denn je dazu zwingen wird, ihre Ressourcen und Geldmittel auf qualitätsgeprüfte, wissenschaftlich nachweisbare Therapie-, Präventions- und Gesundheitsförderverfahren zu konzentrieren.

Bewegungstraining ist ein wissenschaftlich vielfach auf seine Wirksamkeit überprüftes Mittel der Therapie und Prävention. Dass dies für viele andere medizinischen Therapieformen nicht gilt, zeigt eine 1999 veröffentlichte Studie des Österreichischen Bundesinstituts für Gesundheitswesen zur „Evidence-Based-Medicine.[7]

Körperliche Aktivität ist eine einfache, preiswerte und vielfach wirksame Maßnahme.[12] „Müsste man dieses Medikament erfinden, dann wäre es unbezahlbar." Dennoch scheint es für Entscheidungsträger im Gesundheitssystem noch immer sehr schwer zu sein, sportliche Aktivität als einen möglichen gesundheitspolitischen Problemlöser zu akzeptieren und in seine Umsetzung glaubhaft zu investieren. Woran scheitert eigentlich die notwendige tägliche Sport- und Bewegungsstunde im Kindergarten und Schulbereich? Warum wird die für alle bequeme Verfügbarkeit flüssiger Kalorienbomben in den Getränkeautomaten der Schulen nicht ernsthaft hinterfragt und wie die Raucherzimmer untersagt?

Dass die Prävention der Adipositas und des Typ-2-Diabetes bereits im Kindesalter flächendeckend beginnen muss, ist in Fachkreisen akzeptierter Konsens. Seit Jahrzehnten wird der körperliche Verfall der Kinder durch Wissenschaftler und Ärzte

bemängelt. Außer Untersuchungen und Modellprojekten gelang bisher in Österreich kein wirklich großer Wurf! Im Gegenteil. Die täglich wirksame Bewegungszeit wird der Autonomie der Schule überlassen, anstatt sie systematisch auszuweiten. Dies zeigt einmal mehr, wie kurzsichtig und hilflos verantwortliche Entscheidungsträger teilweise bisher agieren.

Es ist jetzt nur zu hoffen, dass ein rapider Umdenkprozess und Taten folgen – im Sinne der Gesundheitsförderung und Prävention des Typ-2-Diabetes und seiner Folgeerkrankungen.

Rat der Europäischen Union

Der Rat der Europäischen Union hat dazu im Juni 2005 unmissverständliche Schlussfolgerungen zu Übergewicht, Ernährung und körperlicher Bewegung veröffentlicht. Er weist unter anderem darauf hin, „... dass körperliche Bewegung als wesentlicher Bestandteil einer gesunden Lebensführung gilt und dass es sehr wichtig ist, Freude am Sport und an körperlicher Bewegung in der Schule und in der Freizeit zu gewinnen, und dass Wissen über eine gesunde Lebensführung unbedingt schon ab der frühesten Kindheit vermittelt werden muss ...“ Der Rat fordert daher die Mitgliedsstaaten auf, Initiativen zu setzen.[27]

Nachwort

Grau ist all die Theorie, wenn sie nicht genutzt wird. Zuerst muss man sie jedoch kennen. Dieses Buch betrachtet daher Bewegung und Diabetes mellitus aus mehreren Blickwinkeln, um zu bewegen. Es liegt in der Verantwortung aller, die notwendigen Schlüsse zu ziehen, um eigene und die Lebensverhältnisse anderer günstiger zu gestalten.

Zuletzt soll aber nicht unerwähnt bleiben, dass natürlich eine angemessene Ernährung die zweite wichtige Schraube ist, an der wir selbst drehen müssen, um der Zuckerkrankheit und seinen Vorstadien zu begegnen.

Dass die Unterstützung unserer Nächsten und des weiteren sozialen Umfeldes wichtig ist, um unser Bewegungs- und Ernährungsverhalten nachhaltig günstiger zu gestalten, steht ausser Zweifel. Fit – Komm mit!

Sich auf den Weg begeben und die entscheidenden Schritte wagen muss dennoch jeder selbst – im wahrsten Sinne des Wortes. Viel Glück!

Literatur

[1] Abrahamian H: Schach der Hypoglykämie. In: Diabetes Forum. Das Praxisforum der Österreichischen Diabetes Gesellschaft Nr. 4 (2005)

[2] Assmann G. et al: Prävention der koronaren Herz-Krankheit. Dokument der International Task Force for Prevention of Coronary Heart Disease und der International Atherosclerosis Society (2003)

[3] Behrmann R, Weineck J: Diabetes und Sport. (1992)

[4] Berg A, König D: Aspekte zur Prävention und Therapie von Fettstoffwechselstörungen unter besonderer Berücksichtigung des metabolischen Syndroms. In: Deutsche Zeitschrift für Sportmedizin, Jahrgang 56, Nr. 3 2005

[5] Cauza E: Diabetes mellitus und Training. In: Doktor in Wien, Fortbildungsbrief Nr. 12 (2005)

[6] Ehrsam R, Stoffel S, Mensink G, Melges T: Übergewicht und Adipositas in den USA, Deutschland, Österreich und der Schweiz. In: Deutsche Zeitschrift für Sportmedizin, Jahrgang 55, Nr. 11 2004

[7] Frank W, Seethaler J: Evidence based medicine in der Prävention und Therapie. Hg. Österreichisches Bundesinstitut für Gesundheitswesen (ÖBIG).

[8] Grillmayr H: Zufrieden leben mit Diabetes. (2004)

[9] Haber P: Leifaden zur medizinischen Trainingsberatung. Rehabilitation bis Leistungssport (2005)

[10] Hambrecht R.C. et al: Percutaneous coronary angioplasty compared with exercise training in patients with stable coronary artery disease. In: Circulation 109 (2004)

[11] Heufelder A: Testosteronmangel und Bauchfett: Vorboten des metabolischen Syndroms. In: Der Diabetologe, Nr. 2 2005

[12] Hollmann W, Hettinger Th: Sportmedizin. Grundlagen für Arbeit, Training und Präventivmedizin, Stuttgart 2000

[13] Hu FB et al.: Adipositas as compared with physical activity in predicting mortality among women. N Engl J Med 351 (2004)

[14] König D, Berg A: Bewegungstherapie bei Diabetes – Therapieprogramme und EBM. In: Deutsche Zeitschrift für Sportmedizin, Jg. 56, Nr. 7/8 (2005)

[15] Kuhn D: Sportlich aktiv mit Diabetes (2003)

[16] Löllgen A: Das Anstrengungsempfinden. In: Deutsche Zeitschrift für Sportmedizin, Jg. 55, Nr. 11 (2004)

[17] Mayer J et al: Salutogenese und Medizinische Trainingstherapie. In: Bewegungstherapie und Gesundheitssport, Jg. 21 Nr. 6 (2005)

[18] Niebauer J: Stellenwert körperlichen Trainings bei der aktuellen Therapie koronarer Diabetiker. In: Deutsche Zeitschrift für Sportmedizin, Nr. 56 Nr. 1 (2005)

[19] Pokan R, et al.: Kompendium der Sportmedizin. 2004

[20] Rabensteiner D: Die Bedeutung wirksamer Bewegung in der Prävention und Therapie von Typ-2-Diabetes und seinen Vorstufen. In: Zwick H (Hg): Bewegung als Therapie. Gezielte Schritte zum Wohlbefinden (2004)

[21] Rieder A et al: Österreichischer Diabetesbericht 2004. Daten, Fakten, Strategien.

[22] Roden M: Vorsicht Diabetes! In: Diabetes Forum. Das Praxisforum der Österreichischen Diabetes Gesellschaft. Nr. 4 2005

[23] Roden M et.al.: Typ-2-Diabetes-Therapieleitlinien. In: Arznei & Vernunft Nr. 10 (2004)

[24] Rost G, Rost R: Rezepte für Sport und Bewegungstherapie. Belastungsuntersuchungen und Aufstellung von Trainingsprogrammen beim Gesunden und Kranken (1989)

[25] Schagerl G: Die praktische Umsetzung gesundheitsfördernder Fitnessaktionen – Ergebnisse und Erfahrungen. Othmar Weiß (Hg) In: Sport, Gesundheit, Gesundheitskultur; 1994

[26] Scholl J: Kondition, Kraft und Grünzeug gegen Diabetes. In: MMW-Fortschr.Med. Nr. 47 (2005)

[27] Schlussfolgerungen des Rates zu Übergewicht, Ernährung und körperlicher Bewegung – Beratungsergebnisse vom 3. Juni 2005

[28] Smith U: Typ-2-diabetes in Europe – an increasing health problem. Paper of den EU Conference on Prevention of Type 2 Diabetes 15.–16.2.2006, Vienna, Austria (2006)

[29] Stilgenbauer F, Reißnecker S, Steinacker J.M: Herzfrequenzvorgaben für Ausdauertraining von Herzpatienten. In: Deutsche Zeitschrift für Sportmedizin, Jg. 54 Nr. 10 (2003)

[30] Streissler A: Altenpflege zwischen Demografie und Budget. In: Arbeit&Wirtschaft Nr. 6 2004

[31] Sygusch R, Wagner P, Janke A, Brehm W: Gesundheitssport – Effekte und deren Nachhaltigkeit bei unterschiedlichem Energieverbrauch. In: Deutsche Zeitschrift für Sportmedizin, Jahrgang 56 Nr. 9 2005, S. 318–326

[32] Trinker M: Gesunde Ernährung und körperliche Bewegung – EU-Kommission leitet Konsultationsverfahren ein. In: Memo 04-40 aus dem BSO-Verbindungsbüro bei der EU 2005

[33] U.K: Kongressbericht über 1. Nationalen Präventionskongress. Kardiovaskuläre Epidemiologie und Prävention. In: Deutsche Zeitschrift für Sportmedizin, Jahrgang 56 Nr. 6 (2005)

[34] Vogt L, Neumann A: Sport in der Prävention. Handbuch für Übungsleiter, Sportlehrer, Physiotherapeuten und Trainer (2006)

[35] Weiß O. et.al.: Sport und Gesundheit. Die Auswirkungen des Sports auf die Gesundheit – eine sozio-ökonomische Analyse (2000)

[36] Wellbion Journal für Diabetiker und Fachpersonal. Nr. 2 (2005)

[37] Widhalm K: Übergewicht bei Kindern. Pressegespräch (2005)

[38] Wirth A: Körperliche Aktivität und metabolisches Syndrom. In: Mensink G, Samitz G (HG): Körperliche Aktivität in Prävention und Therapie. Evidenzbasierter Leitfaden für Klinik und Praxis. Samitz (2002)

ASKÖ FIT

www.gesundheitssport.at